勝 桂子
Keiko Sugre

心が軽くなる
仏教とのつきあいかた

啓文社書房

心が軽くなる仏教とのつきあいかた

勝　桂子
Keiko Sugre

第2章

お寺をめぐるお金の話

第3章 葬儀と供養の大問題 97

第4章 心を軽くする、「マイいきつけ寺院」の見つけかた　173

◎カバーイラスト／綾　幸子

序章

僧侶本を読んでもリバウンドするのはなぜ？

僧侶やシスターの書いた人生本が、十年以上にわたり次々と出され続け、そして売れ続けています。

心を軽くする、楽に生きる、悩みを解く……。

これらのキーワードに多くの人が反応している証拠です。しかし、売れ続けているということは、「読んでも根本的には問題が解決していない」、「一時的に心のダイエットに成功しても、リバウンドするから次を買い続けている」ということでもあります。

2千年以上続く釈尊の教えは、ときに人の考えを180度転換させてしまうくらいの強烈なパワーを持っていると思いますし、僧侶本を手にとる人々のなかには、そうした究極的なパワーを期待している人も少なくないのではないかと思います。

ところが現実には、有名僧侶が言葉を尽くした書物でも、なるほどなぁ！　と思える部分はあるのに、人生を転換させる宗教的パワーまでは、いまひとつ伝わってこない。

少しは楽になるけれども、またしばらくすると苦しくなる。

前に少しだけ楽になった記憶があるから、また僧侶本を手にとってみる……。

だから、本は出され続け、売れ続けます。

❖一番大事な「行（ぎょう）＝practice」の部分が、書籍では伝わらない！

それは当然のことと私は思います。仏教に限らず、宗教が生きかたを変革させるパワーを持っているのは、日々の「行」が付随しているおかげです。

行とは英語でpractice、つまり日々の練習です。倫理や道徳で理想を掲げても、それが善だということは「わかっちゃいるけど、やめられない」のが人間です。

そこで、倫理道徳を踏みはずしてつい悪事をしでかしてしまったときに、そんな自分を省みて（施しなども含め）「行をする」ことで赦しをいただくという構造になっているのが宗教なのです。

宗教で本当に楽になりたいと思うのであれば、行を伴わなければいけないはずで、宗教者の書いた生きかた本を読むだけでは不十分なのです。栄養摂取も1週間分ためこむことができないのと一緒で、行は日々おこなうことに意味があります。

ですから、心のおそうじがリバウンドしないためには、行について常日頃から指導してもらえるお寺を探さなければいけません。

❖やるべきは、気の合うお寺を探すこと

ところが、旧来の檀家寺は、生老病死苦に悩んだ人を歓迎する雰囲気がありません。**仏教は、生きるのが苦しいと感じる人がハッピーになれる教え**ですから、競争社会のレールからドロップアウトした人こそが、お寺をもとめているはず。それなのに、お寺の責任役員には、地域の中小企業のオーナー、もと学校の校長先生、公務員だった人など、競争社会のピラミッドをうまくのぼりつめた人が就任しています。

寺をめぐるさまざまなことが、本末を転倒させた状態になっています。

だからいま、手元供養をした遺骨に、自宅で毎日話しかける人が急増しています。

納骨をせずに、骨壺のまま親族の遺骨を何年も自宅に置く人も、増えています。

いつでも参れる、全天候型の屋根付き霊園や納骨堂の人気が急上昇しています。

一般市民は誰も、葬儀供養をやめようとはしていません。葬祭の形が変わり、従来の石の墓に替わる新しい商品が売れているのは、「雨の日でもお参りしたい」、「いつでも好きなときにお参りしたい」という気持ちの表れであって、供養を簡略化したいという欲求で

はありません。

困って嘆いているのは、それを〝業としてきた人たち〟だけなのです。

納得のいくお寺と出会える人を一人でも増やしたい――その思いで、いまの日本の仏教およびこの国の葬送儀礼の「どこがヘンなのか?」ということを、根本から考えていきます。

日々努力を重ねられている僧侶のかたがたにとっては厳しく、受け容れがたい部分もあろうかと思います。けれども、**いまの日本の仏教寺院の7割は、人々をハッピーにする機能を果たしきれていません。ほんとうはどのお寺にも、その機能が潜在しているにもかかわらず**です。

寺院本来の機能 ~ひとりひとりの生きかたを180度転換させる機能~ が復活することで、日本社会はデフレからの脱却を果たすことができ、ひいては生活に苦しむ人を減らすことができると信じています。

そのためにまず、「今の時代に、寺はどうあるべきなのか?」ということを、信頼する友人僧侶や葬祭仲間、そして読者の皆さんと一緒に、考えていきたいのです。

❖町の和尚さんと、人生を語らえるようになるためのコツ本

本書は、仏教的に発想をチェンジするためのコツ本。いわば、宗教者の書かれた「心のおそうじ本」を手にとっていただく前、行きつけのマイ寺院を見つけていただく前の攻略本です。

私は学生時代にインド思想史と仏教思想史を専攻し、古代インドからインド独立前後、また日本の鎌倉仏教を中心に主要な思想書、仏教書を通読しましたが、宗教学者でも仏教学者でもありません。

しかし、本業の行政書士として改葬業務にかかわったり、お寺さまの規約や相続手続きに関与したりするなかで、かつて学んだ釈尊の教えがいまの葬祭の現場ではほとんど伝えられていないと感じ、残念でならないのです。

檀家と呼ばれ、お寺とのつきあいを大事にしている人々には釈尊の教えの一番大切な部分があまり伝わっておらず、多くの皆さんが〝わが家の権威〟を守ろうとされていました。

いっぽう「住職が代替わりして法話もしてくれなくなったから」とお寺との縁を切る人々のなかには、遠く京都の本山まで法話を聴きにいったり写経に出向いたりされる熱心なか

たがたがいらっしゃいました。

菩提寺と付き合う中高年は、使い分けています。崇高で人生哲学にあふれる仏教のエッセンスには僧侶本や旅先の観光寺で聴く法話でふれられればいい。菩提寺の和尚さまにはお墓と供養をお任せできればいいと。護持会費や棚経で年間何万円も払っているのに、本で読んだり旅先で聞いてきたりした法話の意味について、菩提寺の和尚さまと語りあって、理解を深めようとはほとんど考えないのです。

そうなってしまう気持ちは、よくわかります。「よそのお坊さんの本にこう書いてありましたが、本当のところどうなんでしょう?」なんて菩提寺の和尚さんに話したら、プライドを傷つけてしまうんじゃないか。宗派の違う僧侶の書いたことなど話したら嫌われてしまうのではないか。にわか知識で余計なことをいっても話が通じないだろうし、やめておこう……。

結果として、年間何万円、葬儀や法事のある年にはその何倍かを支払っているはずの菩提寺に、ほとんどの人が何も相談できず、何も聞けずにいるのです。そして、かかる金額に対して見返りがないからと、墓じまいをしてお寺との縁を切っていきます。なんとももったいないことです。

いっぽうで、Google社がマインドフルネスに取り組んでいることが数年前から話題になり、日本国内でも企業研修に坐禅や法話をとりいれる試みが急増しています。そして若い人の中には、坐禅やヨガ、瞑想に日常からとりくむ人も増えています。

7割は人々をハッピーにできないお寺かもしれませんが、ハッピーにしてくれる努力をしようとするお寺が3割程度はあり、また半数以上の僧侶は、ほんとうは皆さんとともに悩み、考え、そして答えてくださるはずなのです。皆さんがもっと悩みや思いを語ってゆけば、和尚さんがたにとっても、現実の生老病死苦を解決するのに釈尊の教えがいかに役立つのかを考えるトレーニングとなります。

私はありがたいことに、全国津々浦々のさまざまな宗派のお坊さん、スリランカやタイのお坊さん、神職さん、牧師さん、ムスリムの友人などから多彩なエピソードを聴くことのできる立場にいます。また仕事上、一般のかたから墓じまいや老いじたくについての相談を受ける立場にあります。

一般のかたが疑問に思われているさまざまなテーマについて、これまで周辺の宗教者や専門家にうかがってきたエピソードをまじえて答えていこうと思います。

仏教の答えは、ひとつではありません。昨日の答えと、今日の答えが違っていることもあります。中道とは、時々刻々と変化する状況に応じて、「ほどほどをいくには今日はどのあたりに位置していたらいいいか」をたえず探り続けるものだからです。

この本では、私自身が宗教者や専門家に聞いて「なるほど」と思った回答をご紹介しています。それが、皆さまがたの考えるキッカケとなれば幸いです。

あとは皆さんがそれぞれに〝マイいきつけ寺院〟を見つけてゆく過程で、いろいろな和尚さまがたと存分に語らって、日々の答えを見つけていってください。

2017年　11月　　勝　桂子

第1章

日本の仏教のエッセンス

仏教では霊魂を認めていないのですか？

坐禅体験に行くと、「仏教では無我になることをめざす」と聞くことがありますね。あらゆることは流転《るてん》していて、姿かたちの変わらないものなどない、と知るのが仏教のキホンです。だから人が亡くなると僧侶が引導を渡し、「もうこの世にいたあの人とは違うところへ逝ったよ（姿はなくなったけれど、この世に執着はないよ）」と示してくださるのでしょう。

仏教で無我というときの「我」は、バラモン教のアートマン（輪廻の考えのもととなる、死んだあとも流転する我、つまり霊魂）を指すといわれるので、しばしば仏教は霊魂を否定していると誤解されます。しかし私は、お釈迦さまが否定したのはアートマンの利益を求めること、つまり「来世でよりよく生きたい」と欲望することや、その欲望のために布施をすることであって、アートマンの存在そのものではないと思います。施すときは、施さずにはいられずただ無心に施すのがよく、たとえ来世のことであろうと、見返りを狙って施すのはよくない。そういう意味で、無我とおっしゃったのだと思います。

そうだとすれば、亡くなってから何十年も回忌法要をして、「故人があの世にずっと同じように、流転せずに存在していることにしている」のも、なんだかおかしい気もします。

浄土系の宗派では、人が亡くなればお迎えが来てお浄土（＝極楽浄土）へ行くのだといわれます。禅宗系の諸派では、お浄土も地獄も考えません。しかし、亡くなったかたは戒名を得て仏弟子となっているので、あの世で修行を続けていることになります。だから回忌法要もしますし、〝あの世はある〟ということになるでしょう。

ちなみに曹洞宗では大正時代前後に、坐禅や修行をしない在家の信者に向けて念仏を唱えることを推奨した時期もあったそうですから、お浄土を完全に否定しているわけでもなさそうです。そして、あの世とお浄土は違うのかといえば、イメージとしては同じでしょう。ただ、「お浄土」というと阿弥陀信仰に限定されたあの世の印象があり、「あの世」といえば、キリスト教の天国なども含む「死後の世界全般」を指す超宗教的な概念と感じられます。

また浄土真宗では「お浄土へ往く」には違いないのですが、阿弥陀さまがすでにどんなに罪深い人をも救ってくださっているので往生することは決まっている、だから死んだあとのことなど心配せず、この世で弥陀を信じることに集中しなさいと教えます。そのため浄土真宗ではお位牌を用いないことが多く、ほかの宗派のようにお位牌や墓石に御魂を入れるという考えがありません。お墓を建てたときやしまうときに読経はしていただくことができますが、「開眼供養」や「閉眼供養」という表現をしないお寺が多いです（地域や派によって違いはあります）。

同じ仏教なのに、浄土があるとかないとか、来世や霊魂について考えることがいいとかいけないと、見解が割れていると、とても理解しづらいですよね。

宗派がいろいろに分かれた事情は、第3章の「実家と嫁ぎ先の宗派が違います〜」という項目で詳しくご紹介しますが、伝えられた何千ものお経のなかから「これを中心として教えをひろめよう」と選ばれた教えが、宗祖によって異なるからです。

❖お釈迦さまが教えたのは「中道」という生きかた

仏教が霊魂を認めているか、いないのかといえば、どちらでもないというのが答えです。なぜなら、**あることについて白とか黒と決めないのが仏教**だからです。ですから、皆さんひとりひとりが、出会ったお坊さまのお話や見聞きしたさまざまなエピソードから、「霊魂がある」という考えと「霊魂は認めない」という考えをたえず天秤にかけ、今日は「ある」と確信できるならば、その時点であなたにとっては「ある」というのが答えですし、昨日「ある」と思っても今日は「ない」という見解になれば、いまは「ない」という答えになるだけのことです。「あると信じる人にとってはあるし、ないと思う人にはない」という答えでもよいでしょう。

お釈迦さまが教えてくださったことは、「自灯明（＝答えは自分にひらめく）」という生きかたです。自分が正しい教えにたどりつくために、正しい仏法（＝正法）にしたがった生活をし、日々心を乱さないための行を積みなさいと教えました。

お釈迦さまの時代はさまざまな極論をいう思想家・宗教家が乱立していましたが、仏教は、「これさえ信じれば幸せになれる！」と説いて人を集めるカリスマ的な宗教ではなく、「いずれの思想にも惑わされる必要がないし、そしられたりねたまれたりしても気にする必要がない。正しい目をもって自分自身で正しく判断しなさい」と教えるものでした。**お釈迦さまが説いたのは、宗教というより人間哲学**だったのです。釈尊を慕う人々が集まって、やがて集団となり、皆で同じ「行」を実践するようになってはじめて、宗教集団の体をなしたのだといえます。

集団で同じ真理を信じて行をするようになった中心にいる始祖なので、釈尊は思想家や哲学者ではなく、宗教者です。ただ、信じる対象は神や釈尊ではなく、「四諦《したい》」（※）という釈尊が発見した真理そのものです。その真理をめざす人自身が**だれでも「ブッダになれる」のが仏教**なのです（ちなみに当時のインドでは、理想的な修行者のことを、どの宗教でも「ブッダ」といいました）。

そして、四諦の4つ目の道諦《どうたい》に示された具体的な実践方法が、八正道《はっしょうどう》（※※）です。「八正道を貫いた結果、自分に見えてくるものを信じよ」ということですから、「仏教という思想において、霊魂があると信じられているか否か？」という問いじたいが、無意味といえば無意味なのです。

お釈迦さま自身は入滅に際し、弟子たちに「法を守り、怠ることなく修行を完成しなさい」という言葉を残しています。決して、「私はあの世へいっても修行僧たちが真理に導かれるよう見守っているから、信じて修行に励みなさい」などとはおっしゃっていません。このエピソードをみればたしかに、お釈迦さまは、霊魂など存在しないと思われていたようにも受け取れます。

しかし、仮にお釈迦さまが入滅近くなってそうお考えになっていたとして、すべての仏教徒が霊魂を否定しなければならないかというと、そんなことはありません。個々に、霊魂の存在について自らに灯るとおりに解釈すればよいのです。

いずれにしても、**仏教は死んだあとどうなるという教えではなく、どう生きれば苦しみから逃れてハッピーなニルヴァーナに生きられるのかという教え**です。見えないどこかにいらっしゃる神や仏を信じることが根本にあるのではなく、人間社会に起こっていることをどう見るか、どう受け取るかという教えですから、**そうとう哲学寄りの宗教**なのです。

お釈迦さまの入滅後何世紀もの間、仏像がつくられることはなく、人々は仏足石や菩提樹の葉で釈尊をしのびました。アレクサンダー大王の東征でギリシャ彫刻の影響がインドにも伝わった結果、ガンダーラにおいて紀元後に初めて仏像がつくられたそうです（東京・池袋「古代オリエント博物館」展示説明より）。

とはいえ、「ウチの宗派では、霊魂はないことになっているんだよ」とおっしゃる菩提寺の和尚さまを否定することもありません。お釈迦さまの時代から長い年月がたって教えが派生するうち、日本という極東の国で、そのように教える一派が仏教寺院と名乗っているのだな、と認識しておけばいいだけのことです。それを信じるかどうかの答えは、その都度ご自身に灯るでしょう。

※四諦

①苦諦《くたい》　この世は一切が苦であると知ること

②集諦《じったい》　苦の原因はあくなき煩悩であると知ること

③滅諦《めったい》　執着を断てば、苦しみを超えた悟りの境地に至れると知ること

④道諦　悟りにいたるために、八正道を実践すればよいと知ること

※※八正道

①正見《しょうけん》　正しい見解（四諦の心理を正しく知り、真実を知ること）

②正思惟《しょうしゆい》　正しい思い（財産や名誉や肉体的欲求など世俗的なものから離れ、正しく考え判断すること）

③正語《しょうご》　正しい言葉（妄語、二枚舌、悪口などから離れた言葉をつかうこと）

④正業《しょうごう》　正しい行為（殺生、盗み、社会道徳に反する性行為をしないこと）

⑤正命《しょうみょう》　正しい生活（道徳に反する職業につかず、正しい方法で生活を営むこと）

⑥正精進《しょうしょうじん》　正しい努力（過去の善でないことを断ち、過去の不善を増長させないようにし、これからも不善を起こさないようにし、まだ生じていない善を生じさせるよう努力する

こと）

⑦正念《しょうねん》　正しい念想（不浄観、一切皆苦、諸行無常、諸法無我を観ずること）

⑧正定《しょうじょう》　正しい精神統一（正しい集中力でぶれない状態をめざす）

《参考：中村元著『原始仏典』》

回忌法要はなぜやるの？何回までやるのが本当？

お釈迦さまの教えは、新しい思想であったと同時に、伝統儀礼を重んじる側面を持っていました。

中村元訳『ブッダのことば　スッタニパータ』（岩波文庫）の「バラモンにふさわしいこと」という項目には、バラモンという特権階級についてのこんな記述があります。

「（昔の）バラモンたちには家畜もなかったし、黄金もなかったし、穀物もなかった。しかしかれらはヴェーダ読誦を財宝ともなし、穀物ともなし、ブラフマンを倉として守っていた。」ところが、戦車兵の主である甘蔗王《かんしょ》がバラモンたちに財を与えると、かれらは「それを蓄積することを願った。かれらは欲に溺れて、さらに欲念が増長した。」と（不思議なことに、バブル崩壊前の日本のお寺の状況と似ていますね！）。

それに続いて、こうなる以前、バラモンが伝統を守っていたときは平安であった、だから伝統をないがしろにしてはならない、古老を敬うべきなどと、随所で語られています。

このことから派生して、仏教寺院が生きている自分たちよりも先に亡くなった人（＝先人、伝統の担い手）を供養するようになったともいわれます。

いっぽう釈尊は臨終が近づいたとき、「尊いかたのご遺体をどのようにしたらよいのか」と問うアーナンダに対し、「修行完成者の遺骨の供養にかかずらうな」（それよりも修行を完成させることに集中せよ）とおっしゃったので、仏教寺院は葬儀法要を執り行うべきでないと考える仏教者もいらっしゃいます。

答えは前項と同じく、どちらが正しいとか間違っているというものではありません。

ところで三回忌、七回忌、十三回忌……三十三回忌あるいは五十回忌などに法要をする習慣は、日本独自のものです。ベトナムの友人は、「中元供養はするが、亡くなったあとの定期的な法要は三年くらいしかやらない」と話しますし（ちなみに中元は、中国の道教の慣習のようです）、台湾寺院の尼僧さんは、「決まった年に、何年まで供養をするということはない。祖先を大事にするのでいつまででも供養をする」と話していました。

神仏習合という言葉はお聞きになったことがあると思います。日本の為政者は、あくまで神道というベースがあったところへ、外国とのつきあいの兼ね合いもあって仏教という外来の教えを〝適度に〟採用しようとしたので、それまでの慣習を覆したわけではありませんでした。

そして日本には仏教伝来以前から、生前の半周と死後の半周とを合わせて人生ひとめぐりと考える〝あの世観〟が多くの地域にありました。「死んだあとは、この世とは左右も昼夜も逆さまの環境で、生きているときと同じように半周分の人生を送り、また生まれてくる」と信じられていたのです。初七日忌、四十九日忌、百ヵ日忌、一周忌、三回忌、七回忌、十三回忌……という節目は、人が生まれたときに神道においてお七夜《しちや》、初宮、お食《く》い初《ぞ》め（百日目）、七五三……と行事をおこなう節目に合わせ、あの世でも同じように儀礼が必要という考えから来ています。

ちなみに「彼岸会《ひがんえ》」も日本の仏教固有のもので、外国の仏教にはありません。農耕民族として田植えと収穫の無事を神に祈る祭礼が仏教に習合したものといえます。

ですから、回忌法要をやるべきか、何回までが正しいのかという答えは、仏教的にはないのですが、日本人の慣習として何回までやるのが適切かという議論は、それぞれの地域で固有の答えがあるのかもしれません。

死者に思いをはせることは、生きている人の日常を輝かせます。「いつか死ぬ」と意識するからこそ、いまのうちに、とがんばれることがあるからです。ただ、一度はそう思えたとしても、つぎの瞬間には怠惰に過ごしてしまうのが人間ですから、時々に機会をもうけて、いつまでも死なないと思えてしまう怠惰な心にリセットを施すことが必要です。そのため何年に一度と節目をつけて、寄り集まって死を意識する機会をもうけたのが回忌法要なのかもしれません。

しかし仏教的にいえば、臨終近い釈尊がアーナンダに語ったように、法要をいつやるべきかとか、回忌法要にいくら包まなければいけないのか、法要後の食事の手配はどうすればいいのか、といったことばかりが気にかかって、「死を意識して日常を輝かせるリセット効果」がなくなっているなら本末転倒です。

仕事で都会へ出てしまい、故郷の慣習と切り離されてしまった人は、回忌法要に固執せず、思い出したときにいつでも墓参したらいいと思います。それとは別に、日ごろから仏教寺院へ通って写経なり念仏なり坐禅なりをすることで、瞬間瞬間を大事にするため修練をしたらいいと思います。

日本の僧侶は、なぜ仏教の戒律を守らないのですか？

日本のお寺の9割近くが家族経営規模で、お寺に住職と家族しかいないので、戒を守ろうが守るまいが誰も見ていないというのはひとつの要因でしょう。仏教のサンガ（僧侶の集まり）は通常、3～4人ないし5人以上でなければならないのですが、江戸時代の寺請制度で一村一ヵ寺とされたために、寺の数が膨大になり、住職がひとりしかいないお寺が増えた経緯があります。

しかし一番の答えは、**日本の仏教の受戒システムは僧侶たちが自発的に必要としたのではなく、政府（朝廷）が取り入れたものだから**です。

飛鳥時代に仏教が伝来したとき、百済の王から仏像や経典が日本の天皇へ贈られました。僧侶集団が海を渡って教えをひろめにやって来たわけではありません。室町末期にフランシスコ・ザビエルがやってきて市民にカトリックの教えを説いたのとは、様子がまったく違うのです。当初に伝来したのは、仏像と経典だけ。ですから、この時点で仏教は、教え

（宗教）として入ってきたというより、異国の文化として入ってきたといっても過言ではないのです。

「仏教っていうのがあるらしいけど、ウチら神道スタイルだよね。どうするこれから?」「西の大陸のほうじゃみんなその仏教ってのを信じてるんだろ? ちょっとは合わせていかなきゃいろいろと大変だろ……」

そんなやりとりをしていたのは一般市民ではなく、あくまで朝廷周辺の上層部(貴族と一部の豪族のみ)です。やがて、蘇我《そが》氏と物部《もののべ》氏の戦いなどへ発展します。

一説に、神道は穢れに対する忌避意識が強く、疫病流行に対応する力が弱かったといわれます。仏教伝来当初こそ、「疫病が流行るのは、異国の教え(仏教)にかぶれたせいだ」として、廃仏がおこなわれる場面もありました。しかし、人口が都市へ集中するにつれ、疫病の被害も増大してゆきます。「ここは、新種の宗教の呪術力に頼るほうが早い!」ということになり、ゆくゆくは、天皇家自らも仏教を厚遇するようになりました。仏教は呪術メインの教えではありませんが、中国で道教などの影響を受けて伝わったため、当時の人たちには新種の呪術と映った側面もあったのでしょう。

❖鑑真が招かれた目的は、国家による脱税取り締まり

飛鳥・奈良時代に僧侶として正式に受戒して僧侶になろうとすれば、韓国か中国へ渡って師匠につかなければなりませんでした。費用がなく渡航できないけれども仏教に帰依しようとする者は、私度僧《しどそう》（自称僧侶）となるしかありませんでした。

当時も僧侶は税を免れたため、奈良時代には、租税を免れたいがために私度僧となる者が続出しました。納税しない人口が増えすぎては国家財政が破綻します。そこで朝廷は、3人の師と7人の証人の前で正式に受戒した者だけに僧籍を授ける制度をつくろうと、唐から鑑真和上を招いたのです。

つまり、**僧侶を国家資格にした**わけです。

ただし、鑑真の渡航目的は布教だったわけですし、よく知られるように、5度も渡航に失敗し視力まで失ってようやく来日したのですから、「できるだけ多くの人に僧籍を与えたかった」はず。「僧侶の数を制限したい」という朝廷の思惑とは正反対でした。ですから、朝廷が予想したよりも多くの人に僧籍は授けられ、わずか4年で鑑真和上は東大寺の官職を解かれます。その後は、新田部《にいたべ》親王の邸宅跡を与えられて晩年を過ごしました。ここに建てられたのが唐招提寺です。権力と関係なく、純粋に僧侶の発願によって建てられた国

内最初の寺院といえるかもしれません。

その後の平安時代初期にも、一年間に僧籍を授けられる人数を朝廷が制限していたという記録があります。ですから、僧侶になるために必要なことは、鑑真がもたらした受戒システムを通過することだけではなく、それに加えて**朝廷のお墨付きももらわなければ、正式な僧侶にはなれなかった**ということになります。裏を返せば、僧侶となるために、戒律を守ることが最優先なのではなく、むしろ政治的根回しなどのほうが優先されてしまう場合もあったであろうことが推察されます。

そのような背景があったところへ、最澄による大乗戒壇運動が出現します。鑑真がもたらした「具足戒」は上座部と同じ男性250戒、女性348戒ですが、最澄の死後に比叡山に成立した「大乗戒壇」では、十戒＋48の軽戒による僧籍取得が可能になりました。これが日本の僧侶が戒を守らないことの発端といわれることもあるのですが、背景をよく追ってみると、そうではありません。

最澄は、「釈迦が自分の目の前に見えているかのように修行せよ」と主張し、自誓自戒を勧めました。つまり、形式だけ整えたことにして袖の下を積めば官僧になれてしまう世相を嘆き、内面の「自灯明」を重視したから、何百もの戒を棄てたのです。

法を実践した結果、自分に灯る正しい答えに従えというのが仏教の教え。その法を実践するため八正道にもとづいて何百という戒が定められているわけですが、修行者が戒を守ることにばかり気をとられ、肝腎の「四諦」を覚知できなくなってしまっては意味がありません。それどころか、発言力ある要人を持ち上げれば戒を守ったことになり僧籍がもらえるというのでは、元も子もありません。金で買える戒ならばないほうがいい、と最低限のエッセンスだけにしたのが、最澄の大乗戒です。

最澄と同時代の空海も禁欲主義ではありません。真言曼荼羅に描かれたさまざまな姿の人間のどれもを認めたうえで、ほどほどの中道をゆくことを追究しました。このことからも、朝廷からお墨付きをもらって限られた数の官僧として認められた人たちが、250ないし348の戒を四六時中守ろうと努力していたのではなく、ほとんどは受戒する前後だけ形式的に整えていたからこそ、最澄と空海が型破りの教えを展開したことが推測できます。

戒律のゆるい日本の仏教界によい僧侶を増やしたければ、自分の戒を守る僧侶(=聖)をわれわれが見分けて慕い、自灯明により中道を探りつづけている僧侶にお布施をしていくのがベストなのだといえます。

大乗仏教より上座部のほうが崇高な教えなのですか？

ここまで読んでくださったかたは、もう答えがないということをご理解いただけていることでしょう。

大乗だから程度が低いのではなく、**大乗仏教僧侶でも自灯明に徹する人は崇高な僧侶**です。厳しい具足戒を守る上座部（上座仏教・長老）だから程度が高いのではなく、上座部僧侶でも特別待遇を受けることを当たり前のようにして心まで高みに座る人があれば、釈尊が非難した当時の、驕り高ぶるバラモンと変わりがありません。

仏教は、バラモン教という素地があった地域で、バラモン教を否定せずに起こりました。仏教は平等思想のように思われますが、釈尊はカースト制度そのものを否定してはいません。時期によりますが、輪廻も否定していません。低いカーストに生まれる人は前世の行いの結果であるから、現世で功徳を積めばよいと教えています。ただ、その輪廻の縛りから永久に自由になる方法を探究しました。

当時のバラモンは富を蓄え驕り高ぶっている人が多かったので、せっかく前世で功徳を積んだ結果バラモンに生まれることができたとしても、来世はまた低いカーストに生まれてしまうことが必至と、釈尊の目には映ったのでしょう。のぼり詰めてもまた堕ちてゆく、**この永遠の輪廻から抜け出す道はないのか、というのが仏教の根本命題**です。

そして、生まれによってカーストが固定されるのではなく、清らかに生きる者がバラモンなのであって、バラモンに生まれても驕り高ぶりふんぞり返っている者はバラモンではない、という新しい考えを示しました。

バラモンという地位に生まれ、祭祀を司り、儀礼の形式を守ればバラモンなのではなく、欲を出さず蓄財せず、つねにほどほどのことで満足を得て、不幸を感じることなく中道に生きる人こそがバラモンである、というわけです。この人間哲学は、あらゆる階級や貧富の差を超越して、自ら足るを知る人は不幸を感じない、ということを示しています。

そうはいっても、ふつうの人々が常に四諦の道理を覚知し続けるのは難しいので、八正道が示され、のちの時代にはさらに細かな実践項目として何百もの戒が示されました。前項と重なりますが、形式が先か、心が先かという意味においても、つねにひとりひとりが中道を探らなければいけません。

ですから、大乗戒がよいのか具足戒がよいのか、ということも時々刻々に、ひとりひとりが探り直すべきことなのかもしれません。

法然上人は肉食妻帯していませんが、弟子の親鸞聖人には肉食妻帯を勧めたように、時代や社会背景に合わせ、戒との向きあいかたも変遷していいのです。

わが国の伝統仏教宗派のなかには、「○○宗だから坐禅はしない」、「○○宗だから念仏以外はしてはいけない」というような固執がけっこうありました。同じ村の人が全員同じ菩提寺の檀家であった時代にはそれでもよかったのでしょうが、離れた土地の人どうしで家族が形成されるいまの時代の仏教の普及にとって、それはあまりよくないことです。

最近はそうした宗派の壁も、グローバル化とインターネットの普及により、少し緩みつつあります。震災復興支援や自死対策の現場では、僧侶のかたがたが宗派を超えて協力しあっています。宗教をも超えて、神職さんや牧師さんとともに活動されていることも珍しくありません。

枝分かれしてきた教えがわれわれの実情とマッチしなくなって新鮮味を失っているときには、他宗教や他宗派の考えやしきたりを相互参照して、行の方法も探り直してゆくのがよいと感じます。

なぜカルトは危険で、伝統仏教は安全なのですか？

そもそもカルトとは何でしょう？　ブリタニカ国際大百科事典によれば、「祭儀、儀式、崇拝を意味することばが転じて、特定の人物・事物を熱狂的に崇拝、礼賛すること」となっています。そうだとすると、四諦の智慧よりも、宗祖という特定の人物への信仰に重きをおく日本の伝統仏教各派はカルト（？）ということになってしまいます。じっさい海外の仏教者のなかには、大乗戒による日本の仏教を異端とし、仏教と認めない人々もいます。

しかし、皆さんのおっしゃるカルトとは、自由意志がなくマインドコントロールなどをされて抜け出したくても容易にはその集団から抜けられず、危険で、怖いものですよね。

つまり自灯明へと導いてくれず、「この教えだけが正しく、ほかの教えは間違っている！」と、他を否定するのが、皆さんのおっしゃるカルトなのだと思います。たとえば、「ここにいる皆さんは何もしなくても大丈夫です。ここにいない（本会に会費を払わない）人たちはみな地獄へ堕ちるので、選ばれたあなたがたは天国へ行かれます」と教える宗教があるとすれば、カルトです。

戦後におこった新宗教だからカルトなのではなく、「教祖さまを信じるものだけが救われる」、「ほかの教えは邪道である」と狂信的になるから、カルトと呼ばれるのです。

伝統宗派の浄土宗、浄土真宗、日蓮宗のそれぞれの宗祖である法然、親鸞、日蓮も、鎌倉時代には狂信的なファンに支えられた面があります。それまでは経文も読めない庶民が宗教に熱狂的になるということはなかったのに、急に集団でお念仏やお題目を唱えはじめたわけです。これは為政者からすると脅威です。細かい事情はもろもろあるにせよ、かれら宗祖たちがみな流罪にされた理由を非常に大づかみにいえば、幕府や領主たちが脅威を感じる勢いだったからでしょう。

ただ、彼らは「信じないものは地獄へ堕ちる」とはいいません。法然、親鸞の浄土系の教えは、阿弥陀仏がすでにどんな人をも救ってくださっているという教えです。日蓮の立正安国論は、正しい教えのもと、社会全体が幸せになることを願うものです。「ここにいない人たちをも含め、ハッピーになれるのが仏教である」と教えていますから、カルトではないわけです。

キリスト教系にしろ仏教系にしろ神道系にしろ、オーソドックスな会派であれば、そこにいない人たちのことも含めてハッピーになれるよう祈ります。

カルトのなにがいけないのか、危険なのかといえば、自分たちと異なる考えを持つ人たちを無条件に攻撃するからです。言葉で攻撃する場合もあれば、物理的に攻撃する場合もあります。また、教団の基盤を大きくするために勧誘も執拗であることが多いです。伝統仏教は、檀家以外に教えを説かない寺も多いくらいですから、その点をみればじつに無害で安全な宗教といえるかもしれません。

いっぽう、お墓のある寺に離檀したいと申し出たら、先祖の遺骨を質にとって何十万円持ってくるようにいわれた、などという場合。その要求額が、撤去工事費用や閉眼供養のお布施ではなく、それ以外のよくわからない名目であるなら、カルトと変わりがないことになります。お墓をその寺からしまって離檀したいということは、そのお寺への信仰は保てなかったということで、要するにお寺による教化が足りなかったということです。信仰を失ったから離檀したいという場合に足抜け料を要求されれば、経済力のない人にとっては信仰の自由が保障されないことになりますから、憲法違反でさえあります。

ところで、ある住職が、大学へ通う副住職（息子）のためにアパートの契約をしようとしたら、不動産屋の店先に「宗教関係のかたの契約はお断りします」と書かれていたそうです。「うちは宗教法人なんですが、だめでしょうか？」と確認すると、「伝統仏教のお寺さん？　それなら宗教じゃないからOKですよ」といわれ、笑うに笑えなかったそうです。

この不動産屋さんは、「カルト的な宗教ではない」というつもりでおっしゃったのでしょうが、「宗教じゃない」といわれた伝統仏教のお寺は、この不動産屋さんにとっては何だったのでしょう。墓地の管理人？　葬儀法要の専門家？　文化財の護持者？　ともあれ、檀家以外の相手に興味を示すことはなく、見ず知らずの隣人に教えを強要したりは絶対にしないから安全というニュアンスだったのでしょう。

無害で安全なのはよいことですが、メンタルクリニックの世話になる人が恒常的にこれだけ増えているのに、その人たちからまったく頼りにされない状況では困ります。仏教は、生老病死苦をなんとかするための教えなのです。生きていても苦しい、闘病で苦しい、親族が亡くなって苦しい……という人たちに手をさしのべられなければ、なんのための仏教でしょう。

教えを隣人に強要することはしなくていいと思いますが、寺という場を構えていらっしゃるのであれば、生老病死苦を抱えた人が自然と足を運べるような仕組みを工夫してゆくことも大事です。

日本の僧侶は、お酒を飲むし肉も召し上がりますが、いいのですか？

宗教について語らうある席で、同じ質問が出ました。そのときに、比較的修行の厳しい臨済宗のお坊さんがこのように答えていらっしゃいました。

「仏教は殺生をしてはならないと教えているので、日本以外の国の僧侶は基本的には肉食をせず、ベジタリアンです。しかしベジタリアンも、たとえばタケノコのように、そのままにしておけば生長できるものを食べますよね。掘られてしまったタケノコは青竹として空に向かって伸びることはかないませんでしたが、その命はわれわれの体に入り、人が生きるエネルギーとなります。そう考えると、ベジタリアンでも命をいただいて食べさせていただいていることには変わりがありません。

仏教では命を粗末にして殺生することがいけないのであって、托鉢されたものは何でもいただかなければならないことになっています。目の前にもし調理された肉や魚があれば、残すわけにはいきません。ですからお釈迦さまご自身はなんでも召し上がったでしょうし、差し出されればおそらく酒も飲まれたでしょう。しかし修行の過程においては、われわれ日本の僧侶も節制する意味で禁酒や菜食をしています」

こう聞いてみると、**不殺生とは、滋養としていただく以上にみだりに殺生をしてはならない、という意味だったのではないか**と思えてきます。食するごとに、命をいただいているということに感謝できることが大事なのであって、そうであるならわれわれ日本人は食事の前に「いただきます」と手を合わせることで、すでにそれを実践しています。日本人の多くは「自分は無宗教です」といいますが、特定の宗教集団に所属していないという意味であり、宗教に無関心なのではありません。いわば無意識のうちに実践しているほど、宗教心が生活に根づいているともいえます。

飲酒については、インドのような暑い地域で飲酒、とくに粗悪なお酒を飲めば、意識を乱す人も少なくないので、禁じられているとも考えられます。キリスト教とイスラーム教はどちらもユダヤ教の聖典をベースに派生した宗教ですが、イスラーム教では飲酒どころかアルコールの入ったものを口にすることを禁じていますが、キリスト教では、「ワインはイエスキリストの血」とされています。この例からも、宗教でアルコールを禁じるかどうかは、気候の違いなどによって変わってくるのではないかと理解できます。

仏教もキリスト教と同じように、時代を経て多くの地域にひろまりました。しかも仏教は、特定の神やブッダを信奉し契約する教えではなく、生きる道を実践する宗教ですから、その土地の神々や信仰と相反することがなく、土地の信仰を否定せずにひろまっていったのです。ネパールのあたりでは白塗りをするような土着の習慣が仏教修行者にもありますし、回忌法要や彼岸会は日本独自のものですが、仏教の儀礼として定着しています。チベットにはチベットの、中国には中国の、タイにはタイの、ベトナムにはベトナムの仏教があり、日本では神道と融合した仏教のありようが定着しているわけです。

その日本ではもともと、神社のなかで醸造がおこなわれていました。そのような風土、しかも山岳信仰があり修行道場はみな山奥の寒いところにつくられるなかでは、飲酒を禁ずる必要がなかったと考えられます。

肉食と飲酒について、別の真言宗の僧侶はこう教えてくださいました。

「動物と植物を分けているのは人間の主観で、お釈迦さまの目から見れば、みんな一緒。人間も宇宙から見れば動物や植物と一緒なのに、地球の上にいると自分たちだけが偉いつもりでいるだけです。日本にも、木食《もくじき》といって火の通った食事を避け、木の実や草の実を食べる木食戒という修行法を授かった僧侶もいました（〝木喰〟と書くと、江戸時代後期の木食僧、五行明満《ごぎょうみょうまん》を指します）。でも、自然の生活をしながら幸せになれるのが日本の仏教（とくに真言宗）なので、肉はダメとか、あれこれ云いません。

お酒についても、飲むのはいいけれど、そのあとが問題です。お茶を飲んで、人の悪口をいう人がいれば、その人は〝お茶癖が悪い〟ということになるかもしれませんが、そんな人はいませんし、〝お茶癖が悪い〟という表現もありません。でも〝酒癖が悪い〟という言葉はあって、お酒を飲むと、ふだんは抑えている悪口や批判をつい漏らしてしまう人が多い、つまり八正道の正語を守れない可能性が高いので、飲酒はダメと決めている地域が多いのです。空海も、〝寒い時期に、一杯だけならお酒を飲んでもいいよ〟と教えているので、飲んではいたんですね。そのあと八正道を踏み外さないよう、ほどほどを守れるかどうかが問題なのです」

仏像はどうしてたくさんのアクセサリーを身につけているのですか?

仏教は欲望を抑える思想なのに、観音さまなどはたくさんのアクセサリーを身につけていらっしゃいますね。

仏像に詳しい日蓮宗の僧侶にうかがいました。仏像にはランクがあるのです。

「〝如来〟は、一番位が高く、お悟りをひらいたあとのお釈迦さまを表しています。悟りをひらいたら全身が金色に輝くようになったから、アクセサリーの必要がなくなり、衣一枚しかまとっていません。〝菩薩〟は、如来になるために修行中のお姿で、アクセサリーをつけています。不動明王に代表される〝明王〟は、仏法を広めるために如来が化身として現れ必死になっているお姿なので、険しい形相をしています。武器を持っていることも多いです。〝天部〟は、仏法を広めるためにわれわれ衆生をサポートする役割で、〇〇天と名がついています。古代インドの神さまをベースにしています」

たしかに、奈良の大仏さまは正式なお名前は盧舎那仏《るしゃなぶつ》で、如来さまなので衣一枚しか身につけていらっしゃいません。釈迦如来像も、衣だけです。アクセサリーを身につけている観音さまや文殊さまは「菩薩」なので、修行中のお姿というわけですね。出家前の王子だったお釈迦さまを菩薩のモデルにしたのでアクセサリーなどを身につけていらっしゃるのです。

ただし例外もあって、真言宗の大日如来さまは、如来のなかの王、悟りの王者のような位置づけで、宝冠や腕飾り首飾りなどをつけています。真言宗では、大日如来が宇宙の真理をあらわし、菩薩さまや明王さまは、姿を変えて顕現していると考えるそうです。修行前後といった時系列さえも超越しているのですね。

アクセサリーの謎が解けたところで、欲望について少し考えてみましょう。

いろいろな宗派の僧侶と在家信者が集まる席で、あるお坊さんからこんな話が出ました。「私の所属する真言宗では法衣も比較的派手で、欲望は否定しません。ただ実際、欲望を持っていることで、ほとんどの人は不幸になってしまうんです。宝くじに当たった人がもらえる特別な本があるそうで、そこには、宝くじで高額が当たっても、家族にさえ話してはいけない。不幸にならないためには、いままでと同じ生活をしろ、と書いてあるんだそうです。つまり、当たっても不幸にならないためにはちっとも自由に使えないんだから、当たらなくても一緒なんですね（笑）。

野球とサッカーが好きだけれども、兼部ができなくて野球しかできないとしたら、50％の幸せですよね。ところが、思いを断ちきってサッカーだけでいいや！　と思えれば、100％幸せです。それが、〝足るを知る〟ということなんです」

そもそも世のなかはさまざまな因縁が複雑に関係していろんな事象がおこっているので、自分の思う通りになるはずがありません。流れにまかせてなるようになるしかない、とあきらめる（明らめる＝明らかにする）ことができれば、人は知らず知らずのうちに不幸を感じなくなります。さらによいことが起きたときに感謝の気持ちにあふれる習慣ができれば、いつでも超絶ハッピーというわけです。

なぜお寺の住職は、世襲が多いのですか？

浄土真宗だけは在家の仏教なので代々世襲されてきましたが、それ以外の宗派では、1872（明治5）年の太政官布告で妻帯が認められて以降、世襲が始まりました。

さきほど、奈良時代に朝廷が鑑真和上を招いて、僧侶を国家公務員化したといいましたが、この太政官布告は、長らく武家に握られていた政治の実権を天皇家が取り戻すにあたって、「神道を国家第一の宗教とするから、仏教僧侶はもう国家国務員ではない、だから妻帯も肉食も蓄髪も好きにしていいですよ」と定めたものでした。**日本の仏教に戒律をとってつけたのも朝廷でしたが、戒律をやめていいですよと宣言したのも政府**なのです。

この太政官布告の前に、よく知られる廃仏毀釈《はいぶつきしゃく》運動がありました。神道だけを優位にしたい政府が、外国発祥の宗教である仏教を否定し、寺を壊しまくったのです。江戸時代には神社と寺はあまり隔てなく融合されていましたが、仏像や仏塔、仏具だけが無残にも破壊されました。地域によっては千人単位の僧侶が還俗し（僧侶であることをやめ）、兵隊になったりしました。織田信長公が比叡山を焼き討ちしたのも有名ですが、廃仏毀釈は全国規模で仏像や寺が破壊されたのですから、はるかに一大事です。

その爪痕が激しく残るなか、政府は僧侶の妻帯を認めました。国のお墨付きを失った寺を修復してゆくには、妻帯して弟子（子）に継がせ、一家で支えてゆくよりほかなかった事情もあるのでしょう。

❖戒より、内面を重視する日本の仏教の深さ

僧侶の肉食妻帯を認めたこの太政官布告を、「政府が僧侶を堕落させるためにしたもの」という人もいますが、そうではないと思います。というより、明治政府の意図がどうであったにせよ、妻帯しても堕落しない方法が、日本の仏教には示されているのです。

代表的なのは、鎌倉時代に肉食妻帯した親鸞聖人の教えです。

親鸞聖人は、たとえ生涯妻帯しなかったとしても、たえず異性を気にしているのでは妻帯しているのと一緒と考えました。肉食しなくてもしょっちゅう「食べてみたい」と願ったり、「食べずに我慢している自分はエライ」と思い込んだりするくらいなら、肉食して殺生したことを悔い、阿弥陀さまがそんな自分をも赦してくださることに感謝するほうが

いいとお考えになり、あえて戒を破ったのです。

これは、形式だけの戒を守るより、「目のまえに釈迦が見えているように修行せよ」と心の側面を強調して具足戒を棄てた最澄のケースと酷似していませんか。

戦乱や飢饉の絶えない時代に、僧侶が比叡山に籠って経文解釈の議論をしているだけでは、民衆の苦しみを救えません。そこで親鸞の師である法然上人は、僧侶としての地位を棄てて山を下り、難しい経文を理解できなくても、文字さえ読めなくても、阿弥陀さまはすべての人をわけへだてなく救ってくださっているから「南無阿弥陀仏と唱えるだけでよい」と、民衆のために教えを語りました。

弟子の親鸞聖人にいたっては、さらに在家の人々のなかへ入り、在家と同じ暮らしをし、肉食妻帯をしても救済される（お浄土へいける）ことを、身をもって示したのです。

ここで思い出していただきたいのは、釈尊が「今のバラモンたちは昔のバラモンたちの守ったバラモンの法に従ってはいない」と語り、形ばかりの儀礼をおこなっても、財を蓄え飽食にふけっていてはバラモンとはいえないと主張したことです。

日本の仏教には、戒が国家権力によって乗せられたり棄てられたりしてきたという特殊事情があります。しかし戒を国家権力が利用したために、かえって**ケガの功名で、〝形式**

的な戒よりも内面を重視する特殊な教え〟が発見されており、しかもそれは**釈尊がめざした原点と一致**しているのです。

戒を無視した日本の仏教は、海外の僧侶からはしばしば「仏教ではない」といわれますが、イスラーム教のように、聖職者のいない宗教であればこそ、すべての信者が融通しあい、我を張らない生きかたを実現できる側面もあるのです（163ページ参照）。海に囲まれ、ここより先へは布教できない極東の島国で、戒を重んじず僧侶と在家が同じように肉食妻帯飲酒をするという在家のための仏教がはぐくまれた縁起に、感動せずにはいられません。

さて、世襲の話から妻帯の話へ逸れてしまいましたが、最後に、寺という特殊な世界を継いでゆくのに、寺育ちのほうが都合がよいというエピソードをひとつご紹介します。

寺育ちの僧侶から、子どもの頃に近所の仲間と遊んでいたら、「お寺の子なのに虫を殺している（殺生をしている）！と責められた」というエピソードを聞いたことがあります。友達と同じことをしていたのに、地域の大人から自分だけが責められる――そうした特殊な経験から、殺生してはいけないのはなぜかということについて、幼少から深く考えるきっかけができ、宗教的体験が深まる場合もあるのではないかと思います。

宗門は、なぜダメなお坊さんを擁護するのですか?

たとえば、ある寺院が改葬になかなか応じてくれず、「先祖の遺骨を質にとって、無謀な要求をしている」という状態で、その宗派の宗務庁へ電話相談をしてみると、「現代の法理論では、宗門も一寺院も〝宗教法人〟という同格の法人組織なので、互いを裁いたり指導したりされたりする関係にありません」といわれます。あるいは穏便に、「もうちょっとよく話し合ってみてください」と責任回避されます。

詳細は前著『聖の社会学』(イースト新書、2017年)に書いたのですが、たいていの宗門組織において、電話相談に応じる人は輪番制で、数年間だけ宗務庁の組織に勤務して、いずれはご自坊(ご自身のお寺)へ戻るようになっています。宗派を代表して意見するために特別に崇高な位を得ていて、末寺に指導ができる立場にいらっしゃるわけではありません。むしろ副住職が住職を継ぐまでの中継ぎとして、給与を得て宗派のための事務を担当しているような感じです。

いっぽう墓じまいをしたいという人に高額のお布施を要求するようなお寺は、修繕費用などが桁違いに高いから理不尽な要求に走ってしまわれているのでしょうから、比較的大きな伽藍のお寺です。宗務庁勤めの若い副住職さんとしては、地域で一、二の大寺院のご住職から目をつけられたくはありません。できることなら穏便に済ませたいので、先ほどのような煮えきらない回答となります。

もちろんこれは、組織の欠陥です。**一般の人は、「仏法に照らして、こんな行状のご住職を放置なさるのですか？」と問うているのに、宗門側にはそれに応える仕組みがないの**です。

一般法人（株式会社や社団法人、財団法人、NPO法人など）を参考に正しい方法を探るなら、クレームが上がったら、電話を受けた担当者はいちおうの謝罪をしたうえ、事実を聴取して情報を入力し、「役員会にかけてお返事します」と回答すべきなのです。その月に集まったクレームについて、役員会でひとつひとつ話し合い、対応を処理すべきです。一般法人では当たり前のこうした処理が、多くの宗門組織ではうまく機能していないと感じます。これから改善すべき課題です。

別の話で、若い頃にグレてしまい一念発起して出家を志した人が、ある宗派へ入門したものの、本山の修行道場で背中の刺青を理由に修行を断られたという話を聞いたことがあります。釈尊は、殺人鬼アングリマーラ（アヒンサ）を弟子にしたという逸話があるくらいで、刺青をしているという理由で入信を断る理由は、本来の仏教にはありません。本山がこのように人を色眼鏡でみるようでは困るのですが、現状はそのような状況です。

宗門という組織はピラミッド構造をしており、上下関係を生みやすく、釈尊の教えからは遠い仕組みで運営されるケースが少なくありません。こうしたことを避ける目的で、寺を持たない方法を貫き遊行集団の形をとった時衆（のちに寺を持つようになって時宗）や、山野で修行を続ける行者、さきほど菜食のところで話題に出た木食（多くは修験行者として遊行しながら仏像を彫るなどしていました）といった生きかたも存在します。

最近では、包括宗教法人（宗門）に属さず、あるいはあえて離脱して単立になるお寺も増えています。組織から離れて単立になったお寺から新しい実践が積みあげられてゆき、既存の宗門も少しずつ柔軟に変容してゆくことに期待したいと思います。

ただし単立寺院の場合、つぎの住職をどのように迎えるのかという課題が残ります。大きな組織であれば近隣寺院との兼務でお墓の世話だけはしてもらえるという利点がありますが、単立では住職に万が一のことがあると、墓地の管理が宙に浮くおそれがあります。

また宗とする経典や行の実践方法が定まらないこともあり、住職が代替わりすると教えがガラリと変わってしまい信徒が混乱するおそれもあります。

今後10年～20年で、宗門組織は大きな転換期を迎えるでしょう。

これまで述べてきた問題のほとんどは、住職が一人で寺を維持していることによるものでした。**近隣寺院が4～5ヵ寺でゆるいサンガを築き、まわり持ちで地域住民を集めた行の実践をおこなったりし、互いを監視するようになると、伝統仏教をめぐる弊害の大半は消失します。**

第2章

お寺をめぐるお金の話

お布施の目安を聞くと「お気持ちで」といわれるのはなぜ？

お布施をする行為は、さしだした側の功徳になります。つまり、お布施を捧げる行為は功徳を積むための「行（＝practice）」なのです。行というと、坐禅や瞑想や滝に打たれることなどを思い浮かべるかもしれませんが、財施といって僧侶や貧しい人たちへ金品を施すことも行です。

貧しければ貧しいなりに、自分の取りぶんを少し我慢してさしだせるものをさしだせばよく、富める人は自身にとって試練と感じられる程度の富をさしださなければ、行とはいえません。**その人にとって何をどのくらいさしだせば行に相当するかということは、個人の状況によってまちまちですから、定額では表示できない**わけです。

お布施の発端をお話しすると、貯えることのできる物品が集まると貧富の差が生じるので、釈尊は、蓄財できる物品をいただくことを禁じたのだそうです。いまでも上座部仏教の僧侶は正午を過ぎると固形物を口にしません。それは、節制のため午後はハングリーで通すという意味もありますが、冷蔵庫のない時代に朝の托鉢でいただいたものは正午までに口に入れないと傷んでしまうおそれがあったからという事情もあったようです。蓄財できるものを忌避したので、当初は金銭をいただくなどもってのほかでした。

ただなにごとも原点通りにすればよいかというとそうではありません。時代に即した中道を探ることも重要ですから、現代において、金銭をお布施することを批判しているわけではありません。

時代とともに、仏教はさまざまなエリアへひろまりました。北インドでありがたいとされたもの、禁忌とされたものも、土地が変われば事情が違ってきます。お布施は原則として、現実社会で価値のあるものを手放さなければ、欲望を離れてブッダ（＝理想的な修行者）になるための行になりませんから、現実社会で物品よりも金銭のほうが歓迎される時代となれば、金銭が施されます。いつしか金銭や貴重品を施すという意味の財施という言葉もできました。

釈尊のサンガ（僧侶集団）がもしも活動の充実のため布施の量や質を求めるならば、金持ちのいる町にばかり布教していればよかったでしょう。ところが釈尊は、貧しい村へも積極的に分け入ってゆきました。バラモン教の輪廻の考えによれば、貧しい村に生まれつく人は前世でひとりよがりの人生を送り、施しをしなかったから貧しい村に生まれついたと考えます。たとえ数粒のわずかな米しか布施されず、布施をされる自分たちが食べるのに苦労するのだとしても、彼らに功徳を積んでもらえば今後が少しでも楽になるからと、好んで貧村へ赴いたのです。貧村に滞在している間、布施された少量の米でつくったうすい粥を弟子たちと分けあって過ごしたといいます。

このエピソードのように、見ず知らずの相手にさえ、「少しでも楽になってもらいたい」というまごころを通いあわせるのが、ほんとうの宗教者です。

❖目安表示も、時と場合によっては必要

いまの日本の寺檀関係においては、半世紀の間に社会が大きく変容したために、「まごころ」がいくらで提示できるのかということが非常にわかりづらくなっています。本来であれば、まごころはさしだす側が思いを込めればよいのであって、いただく側が多い少ないを判断するものではありません。**生活困窮の人が食べるのを幾日もこらえてさしだす5千円と、生活に余裕のある人が家族旅行を1回パスして納める何十万円とだったら、困窮者の5千円のほうが命をかけた尊いお布施**でしょう。

デフレが四半世紀も続く前は、人口も増え続け、経済は右肩上がりだったので、数年に一度の法事のお布施数万円、通夜・葬儀のお布施数十万円が「払えない」という家庭は少なかったはずです。ところがこの20年あまりで、状況は大きく変わりました。

月に10万円前後の国民年金からアパートの家賃を払って独居している人は、法事のお布施や墓地の年間管理費を工面しつづけると、自分が病気になったときのためにやっとの思いで貯えてきた虎の子を、目減りさせることになります。もちろん行なのですから命を支える財産を削ってさしだすのが当然なのかもしれません。しかしもらう側の僧侶が高級車に乗り、不自由ない生活を謳歌されている場合に、病気のときのわずかな蓄財まではたいて墓を守り続ける必要があるのでしょうか。

いざ病気になってもお金が足りずに適切な治療が受けられなかったとき、**この僧侶が手をとって励まし看取ってくださるのでしたら、もちろん命を支える蓄財を削ってさしだしてもよい**と思います。しかしほとんどの菩提寺では、預金通帳に残高がなければ枕経はおろか、納骨すらさせてもらえないでしょう。そのうえ、「継ぐ者がいないのに、撤去工事もしないで墓を放りっぱなしか！」と恨み節をいわれるかもしれません。こういうことが予見された結果、数年前から「墓じまい」や「寺離れ」の急増が起こっているのだと思います。

もちろん、すべてがそんなお寺というわけではありません。檀信徒が病弱になれば手をとり安堵できるような法話をしてくださり、危篤となれば枕経に来てくださり、安心してこの世を去れるよう尽くしてくださる僧侶もたくさんいらっしゃいます。そのような菩提寺であれば、素直に〝お気持ち〟として出せるものをさしだせばよいでしょう。

しかし菩提寺のないかたが葬儀社に依頼して僧侶を呼んでいただく場合などは、看取りに来ていただく人間関係もできあがっていないですし、中間業者が割合で紹介手数料をとる都合もあって、目安金額（「何万円〜」など最低額を表示する場合が多い）が表示されます。さすがに5千円しかお布施できない人が増えては、派遣の交通費も出ませんし、中間業者が赤字になるからです。

このほかにも、お寺側が永代供養などで一律何十万円〜と目安表示する場合もあります。これは、朝夕のお勤めをはじめとする日常的な作務や、定例の合同供養などの行事を維持するために、その程度の金額をさしだせるかたに来てほしいという意思表示でもあるでしょう。半世紀前と違って利用者の大半が給与所得者となり、定年退職がある以上、回忌法要も含め一括でいくらと前納しておけるほうが、多くの人は安心して墓地契約できると感じるようになったという事情もあります。

村や町に1つの寺があり、村民や町民がみなその寺の檀家であったころは、富める人が多く布施し、貧しい人は少しの布施をして、皆で寺を支えていればよかったと思います。しかし所属先が地域の職場ではなくなり、檀信徒が中長距離に点在するようになりました。檀信徒のうち余力のある家がどこということも見えなくなりました。また医師や弁護士など昔であれば経済力があると決まっていた職業でも、インターネットを駆使して宣伝方法を工夫したり、借り入れをして機材や内装に投資をしたりしなければ、競争に勝てない時代となっています。今日はうまくいっていても、明日にはインターネット上で思わぬ悪評を立てられ、干上がるかもしれません。

このように、誰に経済的余力があるのかが不透明で、誰しもが明日の不安にかられる社会においては、皆が将来を見据えて蓄財してしまいますので、「これくらいは喜捨してもらわないと寺が維持できません」という目安を表示する必要があるのでしょう。

本来論をいえば、寺が維持できないくらいお布施が減ってしまったら、辻へ出て托鉢から再スタートすればよいと思いますが、住職の多くは妻帯して家族の生計を維持していますので、そうもいかない部分があります。

住職がお布施を当然のように受けとり、お礼をいわない理由は？

お布施は、さしだした側の功徳となるので、さしだす側が「ありがとう」ということはあっても、功徳を与えた僧侶の側が「ありがとう」というものではない、とされているようです。

ところで、私が懇意にしているお坊さんがたは、人生相談に乗ると「相談してくれて、ありがとう」とおっしゃいます。自死や被災のエピソードを聞くと、「ためになった、ありがたい」とおっしゃいます。一般社会で、カウンセラーなどに相談をすれば相談料を払い、さらにお金を出した側が「ありがとう」と言いますが、お坊さんは対価を求めずに相談に乗ってくださるうえに、「苦しい思いを聞かせてくれて、ありがとう」とおっしゃるのです。

そうです。**宗教の世界では、「ありがとう」という場面が一般社会と逆転する**のです。

宗教者は、目にみえる物質的価値を交換する商人とは違います。目に見える現実社会の物流の外側にある、見えない力の価値（＝人間ごときの力ではどうにもならないこと）について伝える人です。だから、一般社会と「ありがとう」の方向も逆転するのです。

さらに、物質的価値だけを追い求めれば「損をした！」、「口惜しい！」と感じる場面でも、考えかたの角度をチェンジさせ、マイナス思考をプラス思考へと転換して、かえって得をしたように感じさせるマジックのような教えを伝えます。

❖宗教がマトモに機能すれば、幸福度が増える！

手もとにあるモノの量や質が変わらないのに、心の持ちようが変化し、いつのまにか心が軽くなります。また、**苦境もチャンスと思わせ明日への活力に換えてしまうパワー**を生み出します。**それが、本来の宗教の役割**です。おかげで人々は、翌日から元気に働くことができ、稼ぐこともできるようになるのです。

お布施という言葉についてもう少し説明します。「布を施す」という表現から明らかなとおり、もともとは、お袈裟になる布を施すことを指したそうです。古代の僧侶は、「お袈裟（初期のお袈裟は「糞掃衣《ふんぞうえ》」といって、再利用のあてもなく捨てられるボロ布を洗って縫い合わせたものでした）を身につける以外には何も所持しない」という清貧生活を貫き、貧富の差を生みだすような生産活動をしませんでした。生活のために稼ぐ手段を考えだすと、宗教者のメインテーマである「いずれ死ぬのに、なぜ生きるのか？」、「どう生きれば、悔いなく生きられるのか？」といったことを追究することの邪魔になるからです。中国に至って儒教などの考えがミックスされてゆくと、社会貢献活動なども僧侶の大事な役割であると考えられるようになり、大乗仏教ではお寺もボランティア活動や経済活動を担うようになりました。

ところで法施（教えを説くこと）は、「ひろめずにはおれないからする」のであって、「特別に学んだ難しい教えを施してやっている（＝だから対価として、一読み何十万円ももらえる）」ものではありません。仏法に出会った僧侶は、人生の苦難をお釈迦さまの教えで救われ、思わずひろめて法施をした結果、財施をいただいて、さらにお寺へ集まる人々の話を聞くことで将来の教えの糧となる生老病死苦のエピソードを仕入れてもいることになります。商人のように、市場調査や運搬の努力をすることもなく、もらいっぱなしの状態となります。**宗教がマトモに機能するということは、幸福度がどんどん増えるということ**なのです。

私たちのお布施は、給与とは別に僧侶のフトコロに入るのですか？

お布施はすべて、宗教法人の会計に入れるものです。住職や副住職、寺族（＝お寺の事務を手伝うスタッフ。多くは家族）は、責任役員会で承認された金額の給与を毎月もらうので、その月に法事が多くあったからといって裕福に暮らせるわけではありません。給与を出しても余るほどお布施が入れば、施設の修理費や周年行事のため法人でプールしておくのが正しい会計です。

とはいえ、住職の給与を責任役員会で公開している寺などほとんどありません。

私の周辺（ひとなみ座談会常連）のお坊さんがたは、「お布施はいったん宗教法人に入れて、決まった給与をもらうだけ」とおっしゃっているのですが、インターネット上でSNSなどに書き込まれた情報によると、「お布施は（給料とは）別」、「今月は導師に呼ばれる機会が多かったから楽できる」などと明記されていることからも、領収証を切る必要のないお布施については必ずしも法人会計に入れるお寺ばかりではなく、ストレートでお財布に入るケースがあるのでしょう。

ストップをかけたければ、宗教法人の会計にもっと市民が口を出し、透明性を要求するしかありません。寺の責任役員など面倒でやりたくないというかたがほとんどでしょうが、**企業会計をみてこられたかたが定年退職後に菩提寺の役員に名乗りをあげてゆけば、少しずつでも変化していく**と思います。

次章で詳しく述べますが、宗教法人の運営があまりにスキだらけなので、最初は驚かれるかもしれません。でも、そのスキだらけの宗教法人にテコ入れをしてゆくのも、われわれ市民にしかできないことです。もともとは、「おらが村の墓を守ってくれないか」とお願いして旅のお坊さんなどに住職してもらうよう懇願したのは、市民のほうなのです。

余談ですが、法人会計に入れるべき収入を袖の下へ隠すのは、僧侶に限ったことではないと思います。われわれ士業者（＝弁護士、司法書士、行政書士、など〝士〟のつく職業の総称）でも、個人のかたのご相談では「領収証はいりません」といわれることがしばしばあります。相談者は、家族に内緒で相談をしているケースもあり、相談料を支払ったという証拠が残っては困る場合も多いから領収証を拒否するのです。

そうした領収証なしの売り上げについて「計上しない」という人がまれにいます。支部長クラス、元公務員のかたが新人相手にそう語るのを耳にして、行政書士登録当初はびっくりもしましたし悲しくもなりました（近年は、各支部での倫理研修などが徹底され、そうしたことはほとんどなくなりました）。こうしたことは、いつの世にもあったと思います。ただ、それが一部の非道なふるまいとして隠されるのではなく、SNSなどで公言され、むしろ「みんなやっている」と許容されてしまうことが、経済成長の終焉とともにいつしか「おたがいさま」「おかげさま」と言わなくなってしまった日本社会の闇なのでしょう。

世のなか全体に「正直者がバカを見る」という風潮があふれているため、どのような職業でも〝聖人〟が輩出されづらい流れができています。**このような闇の流れを断ち切り、正していくのは、ひとりひとりの決意と努力**であろうと思います。

手はじめとして、会計に詳しいかたが定年退職なさったあと、宗教法人会計を正すための役割をどんどん担っていっていただけたらと願います。

ニセの托鉢の見分けかたを教えてください

托鉢《たくはつ》を盛んになさるお寺の山門付近では、便乗ニセ托鉢が出現することがあります。そしてお寺側が「山門前の托鉢は当山と関係のないニセ托鉢です。間違えてお布施しないように」と警告看板を出しているのを見ることがあります。「当山とは関係ありません」とだけ書けば伝わるところ、後半は「うちにだけよこせ」と言っているようで、私には蛇足に思え、失礼ながら心のうちで失笑してしまいました。

間違えて施された金銭も、巡り巡ってどなたかの生活を支えたなら正しい布施ではないかと思います。大切なのは、身を切って誰かに施すことによって、ひとりよがりで生きているのではないことを日々知る、ということなのですから。

とはいえ、見分けかたがないわけではありません。臨済宗の友人僧侶にうかがいました。「街頭募金や訪問募金と勘違いされているかたが多いようですが、托鉢は、伝統各宗派の管長あてに出された通達（明治14年の内務省戌第二号通達）にもとづいて、本山発行の托鉢免許証を携行し、かつ関係当局に届け出をして行われる宗教活動です。修行僧が街を無心に歩き続け、喜捨したい人があらわれれば無条件でそれを受けとるという修行行為です。街角や駅前に立って道行く人に何かをお願いすることはなく、原則として戸別訪問でドアを開けることもありません。また、喜捨された人に（心のうちで感謝はしたとしても）お礼をいうこともありません。お願いやお礼をするとしたら、それはご寄附や募金をいただく行為です。それはそれで尊いことですが、托鉢とはいいません」

托鉢されるものはなんでもよく、お話しくださった和尚さまは、「天国のパパへ」と書かれた手紙を托鉢で受けとったこともあるそうです。金銭だけを求めるのは、托鉢ではなく募金ということになります。

また許可証の提示を求めて応じられないとすれば、宗派に所属しない行者さま、新宗教など、伝統仏教各派以外の僧侶ということになります。

ピンポンと戸別訪問された場合には、「何宗の何派のお坊さまでいらっしゃいますか」とお尋ねし、宗派へ届け出た托鉢でない様子のときは、「わが家の宗旨と違うので申しわけありません」と、日本の仏教の特性を利用してお断りするのもよいかもしれません。

❖托鉢を断ったらよくないことが起こりそう、という迷いを捨てる

また、明らかにニセだとわかり、また救済したい相手でない場合の対処法ですが、「私はほかのところで布施をしたから、今日はもういいのです」、「持ち合わせがないので、さきほど駅の階段で重い荷物を抱えたおばあさんを助けて布施行いたしました」などと答えればよいでしょう。布施とは、自分自身が何かを少しだけガマンしたり切り捨てたりすることで「行を積むこと」という原則を理解すれば、スムーズに答えられると思います。

大阪や東京の地下街では、オレンジの衣を召した外国人僧侶が托鉢をされていることがあります。コインを布施しようとすると「違う。紙のやつを出せ」と要求し、数万円から数十万円という多額の布施をした人々のリストが書かれたノートを見せられたりします。外国人僧侶の僧籍は確かめようがなく、ニセだとうすうすわかっても、僧侶の衣を召したかたに断りを述べるのは勇気がいりますし、後味もよくないものです。

そこで思わず千円札を差し出してお茶を濁す人が多いのでしょうが、こうした場合も、「布施することが、自分にとっての行であり、功徳となる」ということを理解したうえで、何をすれば行と感じることができるかを自分に問うてみると、正しい切り抜けかたが自然とひらめくものです。

お寺のお金の使いかたは、誰が見張っていますか？

若い副住職が被災地支援の読経ボランティアに行こうとすると、檀家総代さんから「われわれの布施をそんな縁もゆかりもない人たちのところへ行く新幹線代にしてくれるな」といわれてしまったという話があります。そこで副住職が「私の給料から自腹を切って行っています」と説明すると、「その給料だって、もとはといえばオレたちの布施から出ているんだろうが！」と猛反対されたのだそうです。

宗教者が、助けたいと思うところへ即座に手をさしのべられなければ、自在な活動はできません。ですから、**宗教法人を現実社会の法律で縛りすぎてはいけない**のです。文化庁が配布する「宗教法人の管理運営」についてのパンフレットでも、〝宗教的なこと以外〟の事務について、「決定権は責任役員（会）にあり、代表役員（著者註：たいていは住職が代表役員になっています）による事務運営の独断専行はゆるされない」と書かれています。僧侶が被災地の惨状をみて思わず読経ボランティアに向かいたくなる、というのは宗教家としての自然な発露なので、責任役員によって阻止されてはならないはずです。

そこで、副住職が托鉢しながらボランティアに行かれるならばよいのですが、現実には週末の法要の合間をぬって平日に行くしかありませんから、何日も托鉢して現地へ行きっきりというわけにはいかず、給与から交通費を捻出することになります。その給与を決定する責任役員に反対されれば、目立たぬよう回数を減らしたりすることになります。責任役員を身内で固めず、お寺に貢献してくれる古くからの檀家さんにもお願いしよう、と考えるマトモなお寺ほど、かえって宗教活動が限定されてしまうことがあるのです。

皮肉なことに、独断専行に陥りがちなご住職の場合、門前の土産物店の主人や寺をおもな取引先とする業者など、自分のいいなりになるメンバーを責任役員にするので、住職が趣味のことに資産をつぎこんでも歯止めになりません。ひどい事例になると、寺の開発話を持ちかけてきた不動産ブローカーや金融会社を責任役員にしてしまい、業者が手付金を持ち逃げして資産の大半を奪われたなどという例もあります。

大前提として、宗教法人は、現実社会の法で縛りすぎてはいけないのです。宗教活動は、予算を組んだり蓄財したりということになじむものではありません。浄財が集まったら耐震工事や補修をしたらよく、集まらなければ托鉢に出ればよいのです。

❖寺は法律で縛りすぎてはいけない。でも仏法で守られる仕組みもない

住職は本来、現実社会の法以上に、仏法（釈尊の教え）を守らなければならないはずなのですが、儲け話に乗ったり、商売上自分の意見に従わざるをえない立場の人ばかりを責任役員にしたりということが仏法に照らして正しいことなのかどうか、見守る人がいません。いたとして、責任役員の解任方法も具体的に書かれていませんし、見守れるような人が責任役員を買って出ても、任期が来れば好きな人に交代させられてしまいます（※）。

じっさい私のところにも、大きな寺の責任役員をしていたが住職が急逝し、親族で宗派系列の大学に数ヵ月通って即席で僧籍をとった人が住職になるというので、複数の責任役員でその人事を認めないよう宗務庁へ懇願するも、宗務庁では「よく話し合ってみてください」の一点張りで、なんの力にもなってもらえなかったという相談がありました。

この相談者は、「自分が死んだあと、仏法のなんたるかを語ることもできない人に読経をしてもらいたくない」と、曾祖父の代からのこの寺との縁を切る決意をしているそうです。県会議員をされていたかたなのですが、最後はこのようにおっしゃっていました。

「政治の世界にもいろいろとあるけれど、ここまで閉鎖的ではない。こうなっては、仏教

そのものに不信感がわいてしまう。私は早くあの世へいって、お釈迦さまと弘法大師さまに、この現状をお伝えしたい。そう思うと、**死ぬのが楽しみになってきましたよ！**」

生きている人をハッピーにするのが宗教であるはずなのに、「死ぬのが楽しみ」とまでいわせてしまう伝統仏教宗門の対応力のなさは、悲しくなります。

仏法が世のなかに活かされてゆくため、できることはただ一つ。

このご相談者のように私たち一般市民のひとりひとりが、「代々の由緒ある寺とのつながり」や「先代が尽くしてきた財の多寡」に固執せず、歴史的に立派な寺であってもそこに正法（正しい教え）がないと思うなら、縁を切る勇気を持つことも必要と思うのです。

※宗教法人法は、寺を現実社会のルールで縛りすぎないために、責任役員の選びかたを「総会で過半数の決議」などと定めてはいません。つまり、代表役員たる住職の好きなように決めることもできなくはないのです。

宗教法人は、儲けを出さない法人ではないのですか?

宗教法人に限らず公益法人は、「儲けを出さない」のではなく、利益を関係者(株主など)で山分けせず、翌年度以降の公益(=不特定多数の人の役にたつこと)に使う法人です。「檀家の、檀家による、檀家のためのお寺」となってしまった日本の大多数の仏教寺院を想定するとわかりづらいのですが、不特定多数の人の役にたつお寺のわかりやすい例として、中世の駈込寺《かけこみでら》があります。

駈込寺というと江戸時代に女性が離婚をしたいときに頼るイメージが強く、縁切寺とも呼ばれますが、時代や地域によっては、罪を犯したものが駈け入れば処罰を受けずにすんだ例や、借金で首が回らなくなった人が駈け込むことができた例もあります(網野善彦著『無縁・公界・楽―日本中世の自由と平和』、平凡社ライブラリー、1996年)。借りたお金を放蕩で使い果たしてしまう人をお寺がかくまえば、信用して貸した側は困りますよね。なぜそのような自堕落な人を寺が救済するのでしょう。

それは、どんなに極悪非道な人でも、生まれ落ちたその日から極悪非道だったはずもなく、そうなるまでの成育歴や人間関係という背景があってそうなってしまったのであって、**お寺は、そうしたあらゆる因縁をひもといて、当人を心の底から改心させる場**だからです。

一般社会では、個人の権利がほかの誰かの権利と衝突すると、法律で裁こうとします。具体的な解決方法としては裁判や調停になるわけですが、社会的地位のある人や経済力のある人のほうが裁判官や調停員の信頼を得やすいので、社会的弱者は救われづらい状況となるのが世の常です。宗教は、そのように誰からの信頼も得られず、法の網の目からこぼれ落ちてしまった社会的な弱者を助ける力があります。つまり**宗教は、法では救われない人をもわけへだてなく救う、最後の砦**なのです。

なぜなら宗教の世界では、お金を持っていないことは努力不足でも恥でもなく、「お金にさして困っていないのに、飢え死にしそうになっている人を助けないほうが罪深い」と考えるからです。キリスト教であれ、イスラーム教であれ、仏教であれ、この基本的な部分は変わりません。自分の持ち分を少しだけ誰かのためにさしだす、ということの積み重ねが、やがて「ひとりで生きているのではない」という思いに発展し、ひいては「人智を超えた大きな力によって生かされている」という感謝に満ちた至福へとつながってゆくのです。

❖弱者をたすける駈込寺が、金融業者だった!?

さて駈込寺では、救済した人々を何年も食べさせてゆくわけですが、その資金はどうしていたのでしょう？　僧侶の托鉢や、祠堂米（寄進される米や銭）が中心ではありましたが、一説には、世間と隔絶された聖域であるという特徴を活かし、商人たちが貸倉庫として寺を利用したり、商人から入った資金をさらに別な商人たちへ貸し付け、金融のようなことをして儲けた資金で、彼らを養っていたといわれます（網野、同）。

ところが世の常として、そうやって「困った人々を助けるいいお寺」と評判になるのをみれば、隣の悪いお寺が倉庫業や高利貸しだけをやって、さらなる儲けを出していきます。弱者救済をしていないぶん利子を下げられますから、預ける商人としては「金利が安いほうがいい」ということになり、そのうちに、人助けのできる駈込寺を食いつぶしてしまいます。昔話であれば、あとから形式だけをマネした悪いお寺のほうがひどい目に遭って終わるのですが、現実社会はそうでもありません。**よい駈込寺を長く生き延びさせるためには、商人のなかに「手数料が多少高くても、人助けをしているお寺に預けたい」と思う人**

が相当数いなければならないのです。

結論からいえば、「宗教者はお金儲けをしてもいい！」と、私は考えています。

新宗教教団にお金が集まるのは、「この教団に託せば、困っている人を助けることに使ってくれる！」と信じる人が喜捨するからです。高級車や奥方のエステ代といった自家消費に消えると思われてしまっては、お布施は集まりません。

観光寺院以外で、公益の役にたついいお寺を見つけるには?

前項の駈込寺のように、困ったときに誰もが利用できる聖域のような寺は、たしかにいまの日本には少ないです。しかし、寺請制度の名残で限られた檀信徒にだけ活用される寺ではいけないと反省する動きが、ここ20年ほどでいろいろと出てきています。

山門付近にカフェを併設したり、フリーマーケットを招聘したりと、一般の人にも入りやすくする工夫をしているお寺。寄席や詩の朗読会など、檀信徒以外も足を運べるような催しを定期開催するお寺。また寺を開放するだけでなく、病院や高齢者施設へ出向いて、話し相手となる支援活動をする僧侶や、被災者や路上生活者のために炊き出しをおこなう僧侶も増えています。

公益の役にたつ宗教者は、いつの時代も脈々と存在していたと思います。しかし、社会貢献しているとみえる寺や宗教者も、認知度が高まり規模が大きくなると、資金集めのため政治権力と結びついて権威をふりかざし、逆転に批判を浴びるようになる傾向があります。駈込寺の金融の例でみたように、いつの時代も、社会貢献が真にあまねく人々のためにおこなわれ、その運営のための費用が絶妙のバランスで巡らされるのは短い間のこと。少しでも長くバランスが保たれてゆくためには、**賢い市民が見分ける目をもち、正しいところへ寄進をしていく**ことが一番なのです。

寺檀関係についてみれば、いまは例外的に市民が氾濫を起こしている状況かもしれません。ここ数年の「墓じまい」急増の勢いは、葬祭関係者でさえ驚く予想外のハイペースです。これはまさに、正しくないと感じながらも比較的長いこと慣習から抜け出せずにいた人々が、四半世紀のデフレによっていよいよ耐えがたくなり、意味を感じられなくなった慣習を捨てて新たな方法を選び始めた結果でしょう。今後の大きな課題は、慣習から脱皮したあと、自分たちの気持ちにフィットする葬祭をどのようにクリエイトしてゆけるかだと思います。

❖寺より、自己啓発系ビジネスのほうが幸福度を上げてくれる?

残念なことに、昨今の仏式の通夜・葬儀・法要の8割は、生きかたを変革するだけのパワーを与えてくれません。

ほんとうの宗教は、一般社会とは別の価値観でものごとを考えます。たとえば……

・仕事をするのは自分や家族が食べてゆくため→天職を与えられたからこの仕事をしている

・陰口をいわれたのは不本意だ→陰口をいった人のところには、よくない因縁が回るだけだから、気にしないでおこう

・ニセ托鉢僧に騙された！→ニセだとしても生活に困っている人がいるから騙してまで托鉢しようとしたわけで、まわりまわって誰かの役に立ったならよしとしよう

昨今は、お寺よりもむしろ自己啓発系のビジネスで、こうした意識転換を伝えて成功しているものが多いように思えます。

たとえば7〜8年前にブームになった「復縁コンサルタント」は、「フラれてしまった過去に固執するより、自分を磨くこと」を力説し、部屋の片づけや毎日の規則正しい生活などについて具体的に講釈していました。「フラれてしまったのはただの因縁。ここを新たな縁起として、洗面から食事、生活時間、立ち居振る舞いまで自分のすべてを見直して変革していけば、新たな縁が必ず舞いこんでくる」と教えます。まさに、食事や洗面など日常生活の所作すべてを記した道元禅師の『正法眼蔵』そのものではないかと感動してし

まいました。

ネット広告でよく見る「つぶれる寸前だった店が、半年間で1個18万円の商品を何万個売ることに成功。その秘訣とは？」といったビジネスも総じて、「売れない」という悩みや愚痴を捨てさせ、1個でも売れたときに感謝し喜べるよう意識転換を勧めるものです。仏教の教えとなんら変わりがありませんね。

ただし、こうした自己啓発系ビジネスは、「何万円もの受講料を投じたあなたが楽になる」と教えているので、似たような仲間が集まって内輪だけが潤っている状態で、閉じた輪のなかで盛り上がっている状態にすぎません。個々の構成員も、大枚をはたいてその幸福を得ているだけに、その方法を体得したあとも、おいそれと友人知人にその方法を教えたりはしません。宗教の場合、頼まれなくても人々が「ありがたい教えを広めたくなってしまう」という点で、違いがあります。

喜びにあふれて働けるようになるための意識転換を実現してくれるお寺を増やしてゆくには、まず、**意識転換を実現してくれないお寺に大金をつぎこむのをやめる**ことです。

菩提寺の住職と話しても人生が豊かになった気持ちになれないのであれば、納得のいくお寺を探すべきです。公益の役にたつお寺が増えても、われわれの側が積極的に利用しなければ、なかなか軌道に乗りません。インターネット上で、そうした檀信徒以外にも開かれた寺院を検索する仕組みも、少しずつ整えられてきています。巻末に一部をご紹介しますので、ぜひ活用してみてください。

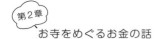

大寺院が株で資産運用をするのは、宗教法人法上ＯＫなのですか？

以前、有名宗派の本山が運用に失敗して何億円もの含み損を出したと報じられ、宗務総長の不信任決議に発展したことがありました。当時の報道記事をよく読むと、短期的にみれば損失があったものの、長期でみれば黒字になっていたとのことで、ある仏教関係者の集まりで出会ったＤ証券の宗教法人担当に事情を聴くと、「損失額よりも、ハイリスクの商品（仕組債）だったから問題にされた」とのことでした。

当時の報道の記憶では、宗教法人側は「結果黒字になっているので問題はない」とか、「証券会社のいう通りに運用した」と責任回避的発言が目立ちました。ハイリスクの商品に手を出したこともさることながら、私は、その責任回避的な発言のほうに問題があると感じました。

宗教法人は、周年行事や大改修で億単位の資金を必要とします。それらに備えて宗教法人が預金以外の運用をすること自体は、珍しいことではありません。じっさいＤ証券やＮ

証券には、宗教法人担当という部署があります。駈込寺の例でご紹介したように、時代や地域によっては、寺院じたいが金融の一翼を担った例もあるので、**お寺と金融というマッチングはあってはならないことではない**と思います。

宗教法人法6条2項には、「宗教法人は、その目的に反しない限り、公益事業以外の事業を行うことができる。」と定められており、また同法10条には「宗教法人は、法令の規定に従い、規則で定める目的の範囲内において、権利を有し、義務を負う。」と書かれています。つまり、大修繕などに充てるために資産運用することが「目的に反しない」かどうかは規則で定め、規則に明示のないときは責任役員会で採決されるべきものと判断されます。

❖浄財の活用法がみえるお寺に、お布施しよう！

冒頭の件では、何に投資しているのかも不明瞭なマネーゲームに手を出していたことが問題視されるべきでした。長期的に見れば黒字なのだからよいだろうと開き直るのもおかしいと思いますし、証券会社の支持通りにやったと責任回避するのも不適切です。**大切な浄財をどのように活かすのかということは、宗教法人自らの考えで決定しなければ**なりませんし、その考えに賛同する人が、浄財を運んでくるのです。

たとえば、増えなくてもいいから国内伝統産業へ投資をするとか、基幹産業に投資をして困窮者を少しでも減らすことに寄与するというのであれば、資産が増えなくても、浄銭をさしだした信徒は文句をいわないと思います。

ほかに私の知るところでは、国外へ流出していた仏像をネットオークションで買い戻し、副本堂に安置することに億単位の財をつかったお寺のエピソードなどもあります。鑑定したところ、たしかに平安後期の日本の職人によって彫られたものだそうです。

寺が億の金銭を使うことが批判されるのではなく、使われかたが問題なのです。

宗教は、人々の考えかたを転換し社会を変革する力も持つものですが、伝統文化を支えるパトロン的な役割も担ってきました。伝統産業や基幹産業への投資、国外流出した仏像の買い戻しなど、資産が必ずしも増えなくとも檀信徒に胸を張って「このように使いました」といえる行為は、国民文化を支えているという高い意識があればこそ実現するものです。このように、浄財の使いみちのよく見えるお寺を選んで懇意にし、お布施をするようにしたいものです。

菩提寺の住職がお金の話しかしません。どうすればいいですか？

お坊さまに読経をしていただいたら心が整い、感謝の気持ちがわくからお布施がさしだされるのであって、**先にお金を払わなければ読経をしてもらえないのは、本末転倒**です。教えがうまく伝わっていれば、信徒は心が整うから仕事も以前よりもうまくいくようになり、余剰のお金ができてお布施がどんどんさしだされるようになります。「お寺へ行ったら気持ちが楽になった」と、頼まなくても布教をしてくれます。そして信徒が寄り集まって、「もっと多くの人に教えを聞いてもらいたいから、お堂をつくりましょう！」と希望して、寺が建造され維持される、というのが正しい順序。いまの日本の仏教のように、宗教者自らが「寺の経営を考えなければならない」というのは、たいへんおかしな話です。

そんなことをいったって、今どきの日本で読経を頼むのに先にお布施を包まないなんてことは許されない、とお思いのかたへ、裏返しのエピソードをお話ししましょう。この日本でも、先に読経があり、お坊さんがたが金銭を求めない場面もちゃんとあります。

最近、若いお坊さんがたが全国各地でとてもがんばっていて、震災や暴風雨の被害のあった地域に駆けつけ、炊き出しや読経ボランティアに尽力されています。とても尊いことですし、彼らの姿がみとめられて、「都会の僧侶といえば、高級車に乗って料亭に入りびたり、豪遊している」といった、バブル崩壊以前のよくない僧侶のイメージは払拭されつつあります。

作務衣で泥沼のなかへも平気で入ってゆく日本僧侶の姿に、東南アジアの僧侶たちが「われわれは立派な袈裟をつけていて、とてもあんな真似はできない！」と、驚嘆したこともあるそうです。タイをはじめとする上座部仏教国では、僧侶は特別待遇です。飛行機でも特別席を譲られ、行列でも「どうぞ先頭へ」と譲られる立場の僧侶が泥沼のなかへ入っていこうとすれば、一般市民は恐縮してしまいます。大乗仏教国の僧侶だからこそ、できることもあるのです（※）。

その泥沼も辞さない努力をする若き僧侶たちですが、読経ボランティアをされたあと、しばしばこうおっしゃるのです――「無料で、読経してきました」と。

その言葉を聞いた宗教意識の高い友人たちから、「違和感がある」、「なんかザラッとくる」という声がありました。家も家族も失って避難所生活をする人たちを前に、宗教者が無料で読経をするのは当然のこと。被災したエリアに知り合いの一人もいない一般市民でさえ、コンビニエンスストアの募金箱を通じて「いくらかでも差し出したい」と考える場面です。募金の代わりに、タダで読経を施すのは当たり前だろう、と。

僧侶たちも当然ながら、お布施が目当てで被災地へ赴いたわけではないはずです。それなのに、帰ってくると「無料でやりました」とおっしゃるのです。推測すると、被災地のかたがたから「お布施も出せず、申し訳ない」と言われ続けたのかもしれません。あるいは、「無料で読経をする奇特なお坊さんもいるんだね！」と感嘆する人がいらして、お布施が目当てなのではなく、当然無料で読経をしてきたのだということを明確にアピールする必要がある、と感じたから、そうおっしゃっていたのかもしれません。

いずれにしても、この国ではそれほどまでに、無料で読経をする僧侶の姿は特異なものとなっていて、「お坊さんに何かを頼めば、安くはないお金がかかる」と思い込まれている、ということなのです。本末転倒していますが、現実はそんな状況です。

翻って、冒頭の質問です。「住職が、お金の話しかしない」、「墓じまいしようと相談したら、とうてい払えないような金額を持ってくるよう命じられ、困っている」との声を頻繁にうかがいます。あなたと和尚さまとの関係が、心を軽くしてもらえる関係ではなく、お金の心配が募るだけの状態になってしまっているのであれば、それは宗教的な教えをもとめる関係ではなく、先祖代々というつながりから、お墓の管理をお願いしているという**別のご縁**になっているのだと思います。

管理をしていただいているので年間管理費は払わなければいけないと思いますが、葬儀供養に〝心を鎮める〟といった宗教的な作用を求めるならば、これから納骨をする人については、足場の近い別な寺院へお願いするという選択もあっていいと私は思います。

❖ダメなお坊さんに見えても、悪くはいわずに距離をおく

ただし、それはご住職とあなたの因縁が「離れるべき時期だった」というだけのこと。心を軽くしてくれる機会がなかったからといって、お寺やご住職に恨みを抱いたり、言葉で批判したりすることは避けましょう。なぜなら、ある関係性を重荷に感じてしまうのもイヤに思えてしまうのも、**縁起でしかない、と割り切るのが釈尊の教え**だからです。第一、お寺や僧侶に恨み節をいったって、よくない気配がオリのように自分に溜まってしまうだけで、精神的にも宗教的にも、いいことなどなにひとつありません。

じっさい、**「住職がお金の話しかしない」という苦情を受けてそのお寺へ足を運んでみ**

ると、案外多くのかたから慕われるお寺であったという場合も少なくないのです。不思議なことですが、時代背景を掘り起こしてみると、理解できなくもありません。よく見かけるケースは、こんな感じです。

先代住職は、景気のいい時代に事情があってやむなくお寺を継ぎ、サラリーマンをしながら土日は檀信徒の法事をこなし、休む間もなく働いていました。平日は残業や接待でヘトヘト、休暇を半日返上して週末の法事をこなすのが精いっぱいでした。定年後は専業になりましたが、息子には兼業のつらい思いをさせたくないと、長期休暇に僧籍だけ取得してもらい、葬儀法要は自分ひとりでこなしてきました。

時は流れ、兼業だった先代が高齢となって引退したあと、会社勤めに虚しさをおぼえた息子が、脱サラをして寺を継ぎました。脱サラをしたので、専業住職です。ほとんど休みもなくよく働いた父住職を尊敬していたけれども、いざ蓋をあけてみたら、檀家名簿も何十年と更新されていないし、規約や財務諸表も何もない。先代は「あぁ、田中さんちのお孫さんね」と顔パスでやってきたのでしょうが、継いだばかりの住職にとっては檀家名簿に名のある人が、「あぁ、田中さんですね」とピンとくる関係ではありません。先代と一緒に法務をこなす時期が数年でもあればよいのですが、先代が突然亡くなったり、認知症で引退をされたりした場合には、以前のことを知る手だてがありません。

そんなさなかでも、毎週のように法事はやってきます。どこのお宅が裕福で、どのご家庭には病気の人がいる、といった情報も手さぐりで一から集めるしかありません。日夜パソコンに向かって帳簿や檀家名簿を整備したり、先代がやらなかったホームページを作成したりと、かなりがんばっているにもかかわらず、つきあいの深かった檀家からは、「そんなこともわかってくれてないの？」という顔をしばしばされ、先代のときはこうだった、ああだった（従来通りがいい）と指図されたりもし、自信を喪失していきます。

そのいっぽうで「何か新しいことも始めてみよう！」と、先代がやらなかった法話会や写経会を企画し、チラシやSNSで人を集めると好評判に。結果的に、自分を慕ってくれる新しい信徒は大事にしたいけれども、旧来の檀信徒との関係を再構築するのは難しいと感じている。もしくは、いくらがんばっても自分を父より劣っているとみる旧来の檀信徒とは、できれば接したくない……。このように、事情によってはお寺の側も旧来の檀家との関係を続けづらくなっている場合もあるのではないかと感じています。

寺離れ・墓じまい増加で信徒の総入れ替えが起こることが、お寺にとっても必ずしも悪いことばかりでないと思います。**新しい信徒を獲得し、ほんとうにその住職の教えを信頼**

する人を集めて活性化できるための折り返し点になる場合もあるのです。菩提寺で心のリフレッシュができるとは思えず、お寺のことでいつも気が重くなるのでしたら、別のお寺とのご縁を探ってみるのも悪くないと思います。

※おおまかな傾向を述べているので、もちろん例外は存在します。タイやスリランカにも社会貢献活動をなさる僧侶はいらっしゃいます。社会貢献する仏教者の国際組織ＩＮＥＢを立ち上げたのもタイの仏教者です。僧侶が高い地位にあるタイで、社会貢献活動をする僧侶が一般的ではなかったからこそ、あえてＩＮＥＢのような組織がつくられたのだとも考えられます。

第3章

葬儀と供養の大問題

宗教によらず、きちんとした葬儀にするには？

私は行政書士として、40代50代のかたから遺言の相談を受けることがあります。危急の持病があるわけでもないのに、この世代で遺言を考えるかたのほとんどは女性で、しっかりとしたポリシーを持って仕事にもやりがいを感じ、充実した人生を送っていらっしゃるかたが多いです。そうしたかたからよく聞かれるのが、この質問です。

しかしそもそも〝宗教によらないで、きちんと送る〟ということが可能なのかどうか、私自身もふと疑問に思い、周囲のお坊さまに尋ねてみました。

前著『聖の社会学』でもご紹介しましたが、このことについて浄土真宗の知人僧侶が食事のマナーになぞらえて説明してくれました。

「食事をするとき、栄養のことだけ考えたら、わしづかみでもいいわけですよ。でも、最低限のマナーを守らず、わしづかみで食事をする人と一緒に食べるのは嫌ですよね？　宗教によらずにご遺体を見送るのはわしづかみと同じで、それは葬儀（＝葬送儀礼）ではなく、遺体を廃棄処理するのと同じなんです。ですから、〝宗教によらないきちんとした葬儀〟というのはありえません」

では、自由葬で花を手向けたり、音楽を奏でたりするのは、きちんとしたことにならないのでしょうか？　そう尋ねてみると、

「宗教とは〝宗となる教え〟なので、もしそのかたが、花を手向けたり音楽を奏でたりすることで故人を手厚く葬れると考えるなら、それはその人なりの宗となる教えですよね」

なるほど！　ある人が親族の葬儀で宗教者を呼ぶ代わりに「花を手向けたい」と思うならば、それは誰かが墓前に花を手向けるのを幼少から繰り返し見てきた記憶によるのかもしれません。そうすれば亡くなったかたとのケジメがつけられると**〝信じている〟**からそうするのであって、**「花一輪を手向けて気が済むならば、それはもう花を手向ける行為が、その人なりの宗教になっているのだ」**と、教えてくださいました。

つまり**宗教とは、ナニナニ宗という集団に所属することではない**ということなのです。

質問者の「宗教によらず」というのは、宗教者を呼ばず（特定のナニナニ宗という宗教の方式によらず）に、という狭い意味の宗教を指しているのであって、「きちんとした葬儀」にするには、喪主が自分なりにこうしたらケジメがつけられると信じる方法を取り入れれ

ばよいということがわかりました。

ただ、マナーは地域社会で**皆と共通の認識**があってこそ、マナーとして成り立つので、いかにきちんとしたつもりでも、列席する人たちが納得しなければ意味がありません。

現在の自由葬（ここでは、宗教者を呼ばない葬儀の意味とします）は、花を手向ける、キャンドルを捧げる、音楽を奏でるといった、さまざまな宗教の葬送儀礼でおこなわれていることをなんとなく切り貼りしたりミックスさせたりして進行しています。つまりこれら花やキャンドル、音楽という要素は、多くの人にとって、荘厳さや気持ちを整理する一定の効果があると信じられているのだ、と考えられます。

しかし、キリスト教においてキャンドルにはもっと深い意味があるのでしょうし、賛美歌にこめられた本当の意味は、列席する人々がひとつの神という概念で結ばれていてこそ、〝故人も**その神**のもとへ召されるのだ〟と皆がその死について納得できるものなのではないでしょうか。そうした背景がなく、なんとなく個々人がそれぞれにキャンドルの灯をみつめて故人を思い起こしているだけでは、会場にいる人々の心はバラバラです。

そう考えると、宗教者を呼ばなくても葬送儀礼をそれらしくすることはできなくはないけれども、**宗教者が立ちあって〝この人の死〟にその宗教なりの意味づけをし、居合わせ**

た人々を納得させるということには、大きな意味があるように思えます。

料理になぞらえてみましょう。宗教になじみのない人が列席していても、宗教者が「故人の御霊はいまどうなっていると考えられている」などと説明を加え導くのは、料理長に「本日の素材の産地はどこそこで、このような工夫をしてこしらえました」と説明されていただく高級料理のようなもの。いっぽう、ひとつひとつの行為に意味の裏付けがなく、でもなんとなく花があればいい感じ、音楽があればいい感じ……と工夫をこらしてそれらしく式ができあがるのは、ファミリーレストランでなんとなくフランス料理風とか、なんとなく料亭風にした創作メニューを出されているのに近いのかもしれません。

❖葬送儀礼も、現代人の口にあう創作が必要

郷土に長く伝わる伝統料理が、必ずしもいまの人たちの口に合うとはいえません。おせち料理がいい例で、冷蔵庫のない時代の味つけはとても濃く、伝統的なことを受け継ぐのは大事とわかってはいても、そのままの調理法では私たちの口に合いません。物珍しさで食べられることはあっても、「おいしい!」と思う人が少なくなれば、それらの料理ひとつひとつに込められた昔の人のせっかくの思いや智慧は伝わりづらくなってしまいます。

形だけはあったほうがいいからと、コンビニエンスストアやスーパーマーケットで一日分程度のおせちの詰め合わせが売られるいっぽうで、百貨店などでは、食材にこめられた伝統的な意味を活かしながらも、中華やフレンチの一流の料理人がわれわれの口に合うよう斬新なアレンジを加えた創作おせちが、かなりの高額でも売れていたりします。

伝統仏教による葬送儀礼が、まさにこれと同じ状態にあります。一般的な仏式葬儀では、読経の意味もわからないうえに、僧侶が読経することによって故人がどうなっているのかということがイメージできません。

ひと昔前なら、多くの地域で「お浄土」という共通認識があり、一般の人がごくふつうに「来迎図」を見る機会もあり、臨終のときには「お迎えが来る」と誰もが〝信じて〟いたという前提があるので、お坊さんに読経をしていただけばお迎えがきちんと来て、故人が無事にあの世へ渡っていると〝信じることができた〟のだと思います。おせちをいただけば、一年間健康で幸せに生きられると皆が〝信じられた〟時代には、三が日飽きることなく皆がありがたくおせちをいただいていたのと同じことです。ところが昨今は、参列する人の出身地も信仰もバラバラなのです。

そのようななかで、インターネットで見積もりできる、一律いくらのスーパーマーケット的な葬儀が普及し、他方で、故人をイメージしたオリジナルデザインの花祭壇や映像制作や特別の演出に何百万円もかけるような葬儀も出現しています。でも後者の多くは、葬祭業者が花を扱う技術者やイベント制作会社とタイアップしてこしらえているものです。

死んだらどうなるのか?（あるいは、死んだらどうなるのか?）ということで動揺しなくてもよい生きかた）についての答えを伝統的に探り続けてきた専門職である**宗教者が考案した今様《いまよう》の葬儀は、まだほとんど出現していません。**

お浄土とかお迎えという共通認識がなくなってしまったいまの時代にマッチする葬送儀礼とは何なのでしょうか。被災地支援や傾聴、自死対策などを通して人の生と死をあらためて見つめなおそうとしている先端の宗教者たちが、これから創作していってくださるのを待ちたいと思います。

同時に私たち市民も、生きることと死ぬことについてきちんと答えてくださる僧侶を見つけ、日ごろから悩みや疑問をどんどん相談して、葬送儀礼の意味や背景についても知ろうと努力すべきと思います。そして経済的に可能な範囲で、大切なかたの葬送儀礼を選ぶときにはファミリーレストランやスーパーマーケットで選ぶのをやめ、ホンモノを吟味する目を持たなければ、次の時代をになう儀礼のかたちはできあがってゆきません。

葬儀に宗教者を呼ぶ意味はなんですか？

本来の葬送儀礼の役割は、死の衝撃を、その後を生きるための心の活力へと転化する作用にあります。この転化は、資質の高い宗教者によってこそ成り立つものです。残念ながら、経済成長後の日本の葬儀では、そうした作用がほとんど感じられなくなってしまったために、葬式不要論や僧侶を呼ばなくても葬儀はできるといった話が浮上してきたのでしょう。

こうなった原因はいくつかあります。一番大きな原因は、葬儀の主導権が宗教者から葬祭業者へと移行したことです。１９７０年代後半、自宅で亡くなる人よりも病院で亡くなる人の数が増えました（次頁・図1）。自宅で亡くなる人が多い頃は、親族が亡くなったらまず菩提寺の僧侶を呼んで枕経をとなえていただくのが本来だったでしょう。枕経をとなえていただくうちに、同居の親族も少しだけ落ち着き、そして近所の人たちが集って手を貸して、葬儀の準備が始まりました。

(図1)病院で亡くなる人が増え葬儀の主導権は葬儀社へ

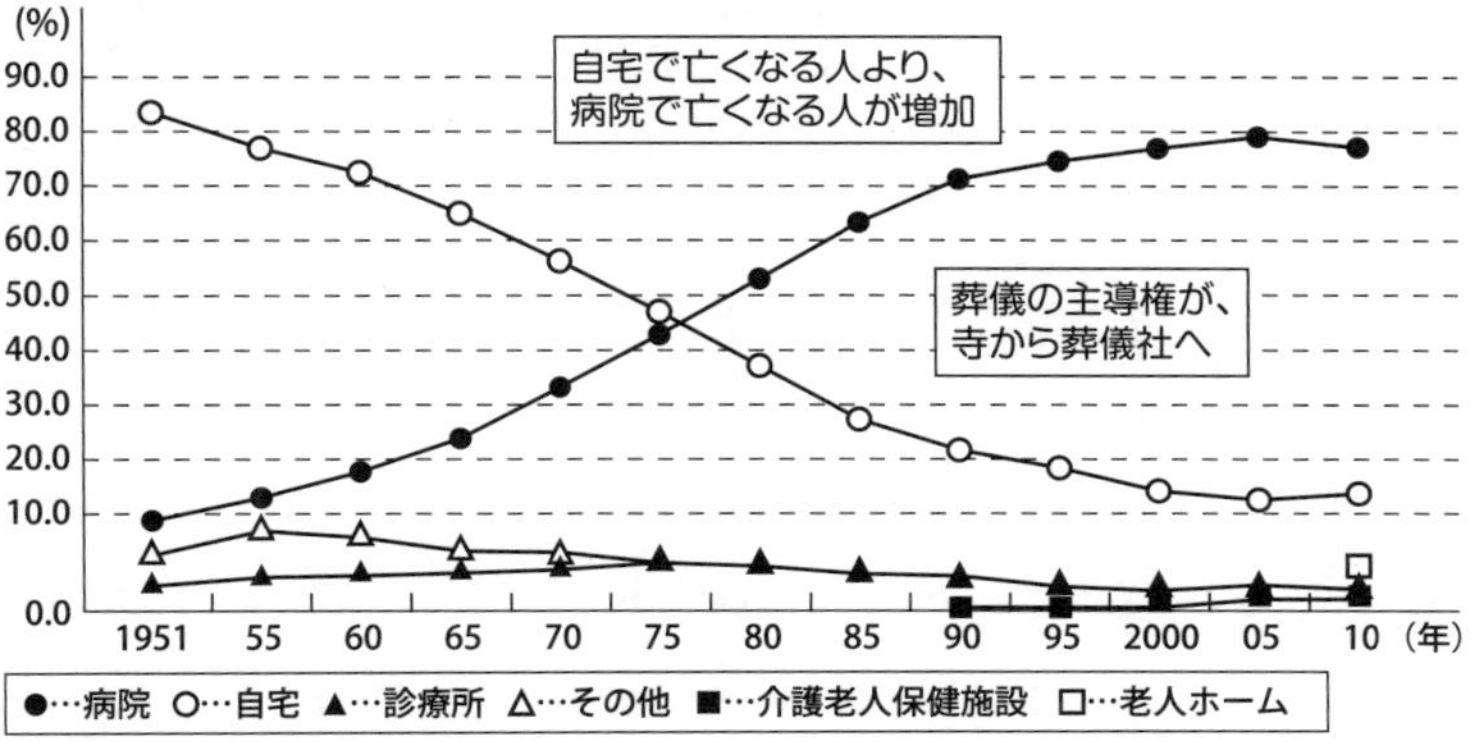

資料/厚生労働省「人口動態統計」
※1990年までは老人ホームでの死亡は自宅又はその他に含まれている。

ところが病院で人が亡くなると、遺体を霊安室から一刻も早く移動させるよう要求されます。移動させてくれる葬儀社が決まっていないと、病院と提携している葬儀社を紹介されます。遺体を自宅へ運んでもらおうとしても、「近隣のかたが嫌がる」とか「棺は重いので階段を上れない」といわれ、なりゆきでその葬儀社の霊安室に運ばれます。すぐに見積もりが出てきて、葬儀じたいもその葬儀社にお願いする運びになることが多いようです。お寺のことなど考える暇もないままに、葬儀の式次第や、誰に連絡するかといった打ち合わせが進行していきます。

仮に自宅へ搬送してもらえたとしても、昨今の都市部では地域のコミュニティも崩れており、向こう三軒両隣が駆けつけて葬儀の準備をしてくれるということがありません。喪主が、自分で親戚一軒一軒に電話をかけて亡くなったことを知らせ、葬儀社を見つけて葬儀の依頼をします。気持ちも動転しているなかで、お寺への連絡は後回しになります。

こうして都市部ではいつしか、葬儀の中心にいるはずだった宗教者が、〝お布施という報酬を払って呼んでくるオプション的な存在〟になってしまいました。あるいは、そこまでご住職をないがしろにしていないご家庭でも、出身地から遠く離れて都会に住んでいれば、「お忙しいご住職をわが家の通夜葬儀のために二泊三日も独占しては申し訳ない」という気持ちが働きます。デフレの時代に、どのご家庭にとってもかなり勇気のいる金額のお布施に加え、新幹線代やホテル代を負担しなければならないという事情ももちろんあるでしょう。悩んでいるうちに葬儀社が同じ宗派の僧侶を呼べますよと申し出れば、「お願いします」ということになってしまうのです。

加えて、参列する人たちの様子も変貌しました。昔は、生涯を通して同じ地域で故人とともに生きた人も相当数いたのでしょうが、いまは会社時代の同僚先輩、幼少のころの友人、平日の日中は別々の職場や学校にいて、疲れきった土日や休日だけをともに過ごす家族等々、故人の人生のごく一部と断片的にかかわる人たちが寄り集まる場となりました。

そもそも葬送儀礼はなんのため、誰のためにやるのでしょうか。

人間の死亡率は現在のところ100％なわけですが、ふだんは、ほとんどの人が「まだまだ死ぬわけがない」と信じて生活を送っていると思います。というより、死の話は縁起が悪いし、日ごろは考えなくてもいいと蓋をして日々を送っている人のほうが多いでしょう。しかし、ある日突然に身近な人が亡くなって、「いつかは死ぬ」ということを意識せざるをえなくなり、多くの人は混乱します。

歴史小説家がよく、「偉業をなしとげる人は、明日死んだとしても悔いがないように日々を生きているからこそ、それだけのことができた」という話をします。将軍や為政者だけでなく一般市民にも、この**「明日死んだとしたら……」を意識させてくれる場が葬式であり、意識を転換できるよう導いてくださるのが導師（宗教者）**です。

息つく間もない日常生活のさなかでは「一日一日確実に死に近づいていく人生を、なぜ生きるのか？」、「どうやって生きるべきか？」といった哲学的な問いについて、容易に学ぶことができません。葬儀はそういったことについて考えるための大切な時間であり、ひとりで向きあえば鬱々としてしまいかねないその命題について、故人と生前に関係のあった複数の人たちで共有し語らえるありがたい場です。

これはあるお坊さんが地域の警察の人から聞いたという話です。
「オレオレ詐欺などの犯罪集団にかかわった青少年を調べていくと、葬式に出た経験がないという人が多いんです。成長過程で祖父母の葬儀に列席していれば、人はいずれ死ぬということを目のあたりにし、その死を前に悲しむ人、おろおろする人、やるせない思いを語る人など、ひとりの人間の死の背景にさまざまな人や思いが集結していることを知ります。とくに子どもが家族のご遺体に直接ふれたり、棺に花や手紙を入れる体験、火葬場で炉に入っていくところを見届ける体験、箸でつかむと崩れそうになるほどもろくなった骨を拾う体験、そしてお墓に納骨する体験など、親族との別れを最後まで体験することは、心を大きく成長させます。これは、学校や塾では得ることのできない体験です。

さらに葬儀の場で、知人や仲間の死という心の衝撃を必死で乗り越えようとする大人たちを見て、目上の人への敬意も生まれるでしょう。ある程度の年齢であれば、いずれ自分自身がそうした人生の重い局面を背負っていかなければならないことも意識するでしょう。そのような体験をしてきた若者は、たとえ見知らぬ相手であれ、高齢者を騙すようなことに関与できるはずがないのです。

逆にこうした体験がなければ、お年寄りや障がい者など弱者を狙う悪の心が育ってしまいます。草花は水や光がなければ育たないように、子どもの心にも、知識だけでなく慈悲心を育てる実体験という栄養が必要です。厳粛な葬儀の場で、親が自分の親を敬う姿を見せなければ、子や孫に親を敬う心は育ちません」

葬儀には、こころの成長を支える作用があるということを示す好例です。

※参考（次頁・図2）

(図2)時台と共に変化する葬儀の形式とその意味

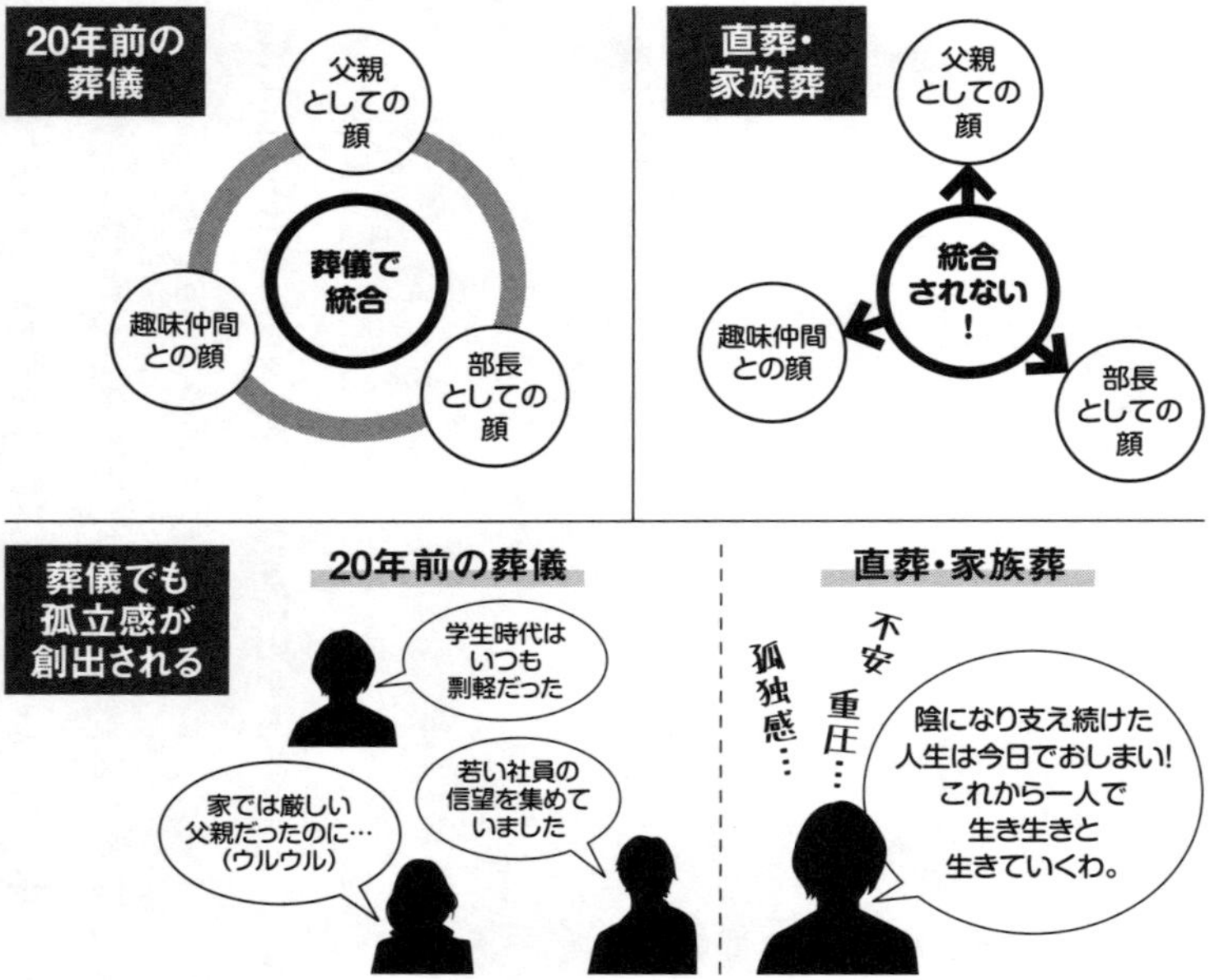

20年前までの一般的な葬儀では、幼少の頃からの知人、職場の知人、趣味仲間などが、家族の知らない故人のエピソードをたくさん持ってきて、それらがジグソーパズルのように組みあがって故人の人格が完成するのが葬儀の場でした。列席した妻子や孫も、「父は職場でこんなに慕われていたのか」、「認知症になってからのおじいちゃんしか知らなかったけど、若いころは立派な人だったんだ!」と、故人の人格が何倍にもふくらむのを感じたはずです。葬式は悲しい場でありながら、遺された人々に希望や喜びを与える場でもありました。

直葬や家族葬では、このように故人の人格が完成されることがなく、家族に見せていた部分的な顔のまま亡くなってしまいます。遺族は気丈そうにしていますが、死がとてもあっけなく感じられ、孤独感や不安でいっぱいになる場合も。

もちろん家族葬には、親族だけでゆっくり故人と対面できるというメリットもあります。そのメリットを活かしつつ、「人格のジグソーパズル」という要素をいかに取り戻してゆけるのかが、これからの葬儀を語るうえでの大きな課題です。たとえば、葬儀は家族だけでおこない、納骨のときに友人知人も招いて、納骨式を菩提寺でおこなうのもよいでしょう。

伝統的な葬儀と、自由葬や音楽葬。どちらがいいのですか？

地域の慣習にのっとった型どおりの儀礼には、大きな意味があります。ひとつひとつの所作にももちろん意味はありますが、なによりも**皆と同じようにしたのだから、「これで故人はあの世へ逝けた」と確信できるというメリット**があります。それがひとつのケジメとなって、参列した人々は、それぞれに死という現実と向きあい、自身の死についてもふと考えたりしながら、それ以前とは少しだけ違う、自分もいずれ死ぬということを昨日までより少し意識した日常生活へと、戻ってゆくことができるのです。

友人知人が集う「お別れ会（告別式）」や宗教者を呼ばない自由葬では、そうしたケジメは実現しづらいです。なぜなら、故人との関係は人によってまちまちだからです。「あのとき謝っておけば……」と後悔でいっぱいの人もいれば、感謝の念しかない人もいます。司会者の通りいっぺんのお別れ言葉に違和感をおぼえる参列者もあるでしょう。

こうしたバラバラの想いをひっくるめて鎮め、居合わせた皆をひとしく腑に落ちた状態

にしてくれるのが、宗教儀礼の力だと思います。ですから、葬送儀礼はある程度一定の形式にのっとって、進行する人や主催する側の個性が出すぎない方法でおこなわれるほうが、個々の参列者がそれぞれの気持ちを整理するのにはふさわしいのです。

さらに、資質の高い宗教者によるお話は、その身近な人の死の衝撃をやわらげ、遺された人々が明日を生きてゆくためにその死を受けとめ、その後ゆるやかに鎮めてゆくための作用をもっています。それは、**神や仏という人智を超越した存在にひれふす教えに生きる人が語るからこそ響くのであって、一般の司会者や友人代表にはなしえないこと**です。

よしんば司会者から、「お別れは悲しいですが、皆さんが明日から前を向いて生きてゆかれることを、故人の○○さんも天国で望んでいることを忘れないようにいたしましょう！」などといわれても、このグローバルな時代には、あの世についての共通の概念がありません。「天国ってキリスト教の話？　亡くなった○○さんてクリスチャンじゃないよね」とザラリとくる人もいるでしょう。それより「私は○○宗の僧侶です。○○宗では亡くなったかたはこんなふうにあの世へ渡ると考えられています」、「故人も○○宗のお墓へ入られますのでこうなって……」と説明されたほうが、腑に落ちるのではないでしょうか。

❖型どおりの儀礼が心にフィットしないなら、工夫を加える

宗教者を呼ばずにお別れ会だけで終えてしまった、あるいは直葬で儀礼をしないで納骨してしまったというかたからの、〝やり直し葬〟の依頼が急増しているというお寺もあります。知人住職のお寺では、やり直し葬の依頼が一昨年（2015年）は8件だったそうですが、右肩上がりに増え、昨年は2桁に達したそうです（2016年10月、ひとなみ座談会「墓じまい、あれこれ」より）。

寺離れが激しいといわれるなかでも、**葬送儀礼の意味をきちんと伝えられるお寺には、檀家以外の新たな人からの葬送儀礼の依頼がどんどん来ている**ということがわかります。

直葬や一日葬が増え、形式的にも僧侶を呼ばない自由葬が増えたといわれていますが、市民の多くは、そうした新しい形式の葬儀のほうがよいと思うから選んでいるのではなく、いまだ「どの方法がよいのか」について悩み続けているということなのです。そして、都市部で伝統的な方法よりも簡素な葬儀が選ばれるのは、葬送儀礼を軽んじた結果なのではなく、多くのお寺で、護持会費を何十年払い続けても、「葬送儀礼はなぜ必要なのか？」ということを具体的に伝えてもらえなかったことの結果なのだと思います。

葬儀のときに故人が好きだった曲などを奏でるエレクトーン奏者の中村麻由さんいわく、

「花が空間を作り、音楽が時間を作り、そこに儀礼である読経があって、はじめて葬儀式となる」ので、仏式でない葬儀での演奏は考えられないとのこと。宗教者を呼ばない自由葬では、列席者のなかに僧侶を呼ばなかったことを残念がる声があったり、慣れない葬儀形式で落ち着かない雰囲気のまま終わってしまったりと、やはり会場にいる人々の思いがひとつにまとまりづらいと感じるからだそうです。

私たちの生活基盤が育った村や町から離れてしまったいま、形式どおりに行われる葬儀といってもそれは、葬祭業者が用意する平均的な葬儀にすぎず、参列する人のほとんどが「こうするものだ」と思っている方法ではなくなっています。お経の種類も、皆が同じ村に住んで同じ寺の檀信徒だったころは、誰にとっても「幼いころからよく耳にしたお経」だったのでしょうが、地域をはるかに超えて家族が形成されている昨今は、葬儀に出るたびに違うお経を聴くことになります。

このような状況でおこなわれる儀礼は、その地域特有の、方言のような温かみのある儀礼ではなく、無味乾燥な共通語のようなものですから、故人を心から送りたいという気持ちにフィットするものではない、と感じる人も多くなってしまいます。そこで音楽を演奏することで故人や家族の個性を尊重した式にすることができるし、参列した人々の心にも一体感が生まれ、記憶に残る葬儀にできるというのです。中村さんは、ノリのよい曲もバラード風にするなどプロとしての工夫をこらし、葬儀の場にふさわしいイメージに作り変えます。依頼者には演奏CDもお渡しするので、一周忌など節目のときに繰り返し聴くことができ、たった一度の葬儀が何度でも、何年後でも思い出されるよい記念となります。

伝統的な葬儀と自由葬のどちらがいいという答えはありません。しかし、社会の変遷によって、**型どおりの儀式では故人を心から送ることができたと思える人が少なくなったときには、型を捨てるのではなく、磨き直し、中身を変容させていくことが大事**と思います。中村さんの試みも、そのひとつといえます。

僧侶の皆さんも、いろいろに試行錯誤を展開されています。「この所作は、なんのためにおこなっているのか」をひとつひとつ説明してくれる葬儀もありました。葬儀の前に、どのような手順で儀礼がおこなわれ、それぞれにどんな意味があるのかをわかりやすく説明した3つ折パンフレットをさりげなく参列者に配るという僧侶もいます。どれがいいという答えはありませんが、**自分たちの気持ちにフィットする葬送儀礼とは何かということを、ひとりひとりが探り、選んでいくことの積み重ねによって、新たな葬送儀礼の型がつくられていく**のだといえます。

お坊さんを呼ばない葬儀で気をつけるべきことは？

葬送儀礼には、皆と同じ形で送ってこそ、近親者の死を「これでよかったのだ」と納得してゆける要素があります。にもかかわらずいまは、さまざまな地域の慣習がごちゃ混ぜとなった多くのプランやサービスのなかから、私たちが自分で選ばなければなりません。

そうしたなかでは、ひとつの宗派の儀礼しかご存じない僧侶よりも、さまざまな儀礼について学んでいて、「アレとコレとを比較しまして、お客さまの場合でしたら、こちらがよろしいのではないでしょうか」と勧めてくれる葬祭業者のほうが、納得のいく選択に導いてくれることが多いようです。

親戚どうしでもさまざまな宗派・宗教が交錯する現在の日本で、数ある儀礼の型のなかから、より多くの人が意味を感じられる方法を伝えてくれるのは、宗教者よりむしろ仏教のみならず神道やキリスト教式の葬儀をも経験されている葬祭業者なのかもしれません。

その葬祭業者は、個々のサービスについて「いくら」と値段表示をします。デフレの続く状況では、いかに意味があると聞かされても、支払える最低限のサービスだけが選択されます。以前は葬儀費用は香典でまかなわれたので「葬式は蓄えがなくても出せるのが当たり前」だったのですが、高層住宅が増え、自宅葬をできる家庭が少なくなり、ホールでの葬儀となると、香典を半返ししていては足が出ます。「他人さまに負担をかけた上に赤字になるなら小規模の葬儀でいい」というわけで家族葬にしてみたら、「社葬のように挨拶だけで疲れてしまう葬儀にならず、ゆっくりお別れができた」という声が聞こえてきました。終身雇用の時代でもなくなり、数回の転職は当たり前になって、社葬も成り立ちづらくなりました。家族葬が選ばれるのは、人々が自己中心的になったからではなく、社会構造が変化したための自然な流れであろうと思います。

では、その家族葬中心のなかで、どのように儀礼の意味を伝えてゆくのでしょうか。

いまは、葬祭業者が数ある方法のなかから、それぞれの喪家《そうけ》にふさわしい方法を提案してくれています。でもそれはあくまで、「キリスト教の場合はこんなふうにすることもありますよ」と献花やキャンドルサービスが勧められているにすぎず、いわば目新しいから薦められる、ファッションのようなものです。そこへ魂を吹きこみ、死という事実を納得してゆくための意味が与えられてゆくのは、やはりこれからのことと思います。

たとえば、『親が死んだ5分後にあなたがしなければならないこと』（永岡書店）の著者である三村麻子さんは、棺に花を入れることについて、こう話してくれました。

「親族は、亡くなった人がどんなにいとおしくても、一緒に棺に入ることはできない。でも花は、一緒に棺に入って殉死してくれる。だからわれわれは、気持ちを花の命に託して願うことができる。そういう意味がわかっていたら、どうせ燃やすのだからと、あえて造花や安価な花を選ぶ人はいなくなると思う」

彼女は、金額の多寡の話をしているのではないと思います。お金に困っているのであれば、自分で採ってきた野花をお棺に入れてもいいと思います。大切なのは、なぜ花を手向けるのか、なぜキャンドルを灯すのか、なぜ音楽を奏でるのかということについて意味づけがなされることです。葬儀において、「どうせ○○なのだから、安いほうでいいわ」と利用者が感じるのだとすれば、それは宗教者も葬祭業者も儀礼の意味を伝えきれていないからだ、ということなのでしょう。

というわけで、お坊さんを呼ばない葬儀でもさまざまな儀礼的動作をすると思いますが、場内の皆でそれをおこなうとき**何を思ってほしいのか、なぜそうするのか、意味づけを考え、伝え聞いたうえでおこなうことが大事**なのだと思います。

後継ぎがいません。先祖の墓をしまったあと、これまでの遺骨はどうなりますか？

最近はマスコミでも〝墓じまい〟という言葉が当たり前に使われるほど、先祖代々のイエ墓での供養をやめる人が増えています（※）。でも墓をしまったら、これまでお墓に入っていた遺骨はどうするのでしょう？

①継がなくてもいいタイプの納骨堂・永代供養墓（個別区画）・樹木葬墓地などを新たに契約する
②同じ寺院墓地や霊園のなかにある、合葬式の永代供養塔で今後のご供養をお願いする（多数の遺骨を完全に混ぜてしまう場合と、棚状のスペースで個別に管理する場合があります。詳しくは納骨先で確認しましょう）
③自宅保管する（詳しくは、136ページへ）
④粉骨にして散骨する（詳しくは、141ページへ）

⑤本山納骨する（宗派の本山に合葬していただく方法。菩提寺の和尚さまに相談してみましょう。これまで宗派とのおつきあいがなく、公営墓地や民間霊園にお骨があったかたでも、受け入れてもらえる宗派もあります）

⑥骨仏にする（粉骨にした遺骨を何百体分か集めて観音像や大仏をつくる方法。大阪の一心寺が有名ですが、似たようなご供養方法をしてくれるお寺は全国各地にあります）

⑦送骨する（供養していただけるお寺へ遺骨をゆうパックなどで送る方法。業者主導で、きちんと供養されているか不明なものも場合もあるので要注意。供養してくださる住職のお顔が見えるサイトで依頼することをお勧めします）

ざっと思い浮かぶだけでもこんなにあります。

①については、新設するお寺がまだまだ増えていますので、これまでつきあいのあった菩提寺でも数年以内につくる予定があるかもしれません。**焦って子どもたちの住む都市部の納骨堂などを契約してしまう前に、まず「継ぐ者がいませんが、お墓を将来どうしたらいいか悩んでいます」と、菩提寺に相談**してみましょう。②や⑤は、お寺とのご縁は切らずに、石のお墓だけをしまう方法です。お寺との関係は悪くないけれども石のお墓をしま

いたいという場合は、これらの方法を検討してみてください。⑥⑦は、新たなお寺とご縁のできる方法。③④は、お寺とのつきあいをやめる場合の方法です。気心の知れたご住職が見つかったら、あとからでもお位牌をつくって供養を続けることはできます。

❖墓を維持したい派VS墓じまい派

相続した財産などがあって、さほど無理なく寺檀関係を維持できるのであれば、先祖代々の墓は守り続けたほうがもちろんよいと、私は思います。私自身も、さして余裕のある暮らしをしているわけではありませんが、自分の代で家（イエ）墓をしまうつもりは今のところありません。「先祖があるから、私がある」と常日頃から感じ、〝ご先祖さま〟を大切に思うことは、あらゆることについて自分以外の縁に感謝しながら生きることにつながっていますから、それじたい宗教的な祈りに通じています。とても大切なことだと思います。

人口がどんどん増えていた頃は、墓地管理者（お寺・霊園など）が「直系（長男など）でないと継げない」、「苗字が同じ人でないと継げない（嫁に行った娘は継げない）」と主張するケースが多かったのですが、最近は人口が減っているので、傍系（兄弟姉妹）や嫁に行った娘の子などでも「継いでくれるなら構いません」というところが増えました。直系でなくても継げる人がいる場合、墓地管理者と相談してみましょう。

お墓を大切にするといっても、有名なお寺にお墓があるということをなかば自慢に思い、「自分は平均的な人たちとは違う」と高みに立つ意識があって、その**優越感を手放したくないがために「お墓をしまいたくない」のだとすれば、それはあらゆる存在の平等をうたう仏教の教えとは対極の考え**になってしまっています。

裕福な家系に生まれたことに誇りをもって、弱者救済に奔走するなら話は別です。ところが、弱者救済したいと願う心の幅もなく、また先代・先々代と同じようにお寺を支えていくことができない経済状況になっているにもかかわらず、立派な墓石と菩提寺との縁を手放したくないばかりに従来どおりの寺檀関係を無理に続けてゆこうとすれば、どうしても「お寺＝お金の心配」になってしまいます。

そんな無理な関係を続けるくらいなら、先祖代々の墓をいったんしまい、現在の身の丈に合ったお墓を選び直すのも、ひとつの方法と思います。なぜなら、法事や棚経などお寺ごとがあるたびに「お金を用意しなくちゃ」、「お金はどうしましょう」とそんな話ばかりをしている親を見て育てば、子世代は「寺というのは、心の安寧を与えてくれるどころか、お金の心配しか与えないものだ」と、カルトとなんら変わりがない印象を抱いてしまうからです。せっかく無理をしてまでお墓を守っても、次の子世代がお寺に信用を持つことができなかったら継いではもらえないでしょうし、お金の苦労をしたうえに、墓じまいを子や孫の世代へ先送りにしたことにしかなりません。なにより、仏教の教えを捻じ曲げて伝えてしまうことになるので、賛成できません。

お寺のことを考えると気が重くなるのなら、気持ちが軽くなるまで和尚さまととことん話すべきです。そのような話ができる関係ではなく、しかも労せずしてお布施を捻出できる状態でもないならば、墓じまいを検討しましょう。そして、移り先を考えるにあたっては、時間をかけて、いろいろな寺の催しに参加もし、心を軽くしてくれるような、仏教のよさを体感できるお寺を選んでみるべきです。

とはいえ、墓じまいにも撤去工事の実費などまとまった資金がかかります。墓をしまわずに家系が途絶えると、撤去の費用がそのままお寺の負担となります。お寺さまの負担を増やすのはしのびないので、私はこれまで、後継ぎがないという相談者には、墓じまいの手順をお伝えしていました。ところが最近は墓じまいの費用を直ちに用立てできないかたが増え、そのようなかたには、しまわずにしばらく放置するようお話ししています。

なぜなら、いま葬祭の状況は年単位で変化しており、5年後や10年後にどのような方法がベストといえるのか、想像もつかないからです。ほんの5年ほど前まで、墓じまいという言葉も知られていませんでした。直葬や家族葬なども、都市部で浸透してきたのはここ10年ほどです。まだまだ家族葬など出始めたばかりという地域もあるでしょう。

急いで墓じまいを決断してしまうより、必要となったときに最善の方法を選ぶことができるよう、**心を開いて話のできるお坊さんを探しておくのが先**だと思います。

菩提寺とはほんとうにお金の話しかできない関係になっているなど、供養を任せたくないお寺であるなら、残念ですが回忌法要はそのお寺に頼まず、納得のいく僧侶を探して、ご供養はお手元の位牌を前にしておこなってもらえばよいと思います。墓石にも位牌にも、同様に故人の御魂が入っているので、ご先祖と対話するためのアンテナとしての機能は同じです。お位牌が家にあるなら、お位牌に向かって供養を続ければよいと思います。一部の宗派では御魂という呼びかたをしませんし位牌も用いませんが、手元供養品であれ遺影であれ、手を合わせるときに心を集中させるためのよりしろとなるものがあれば、それでよいと思います。

むしろ仏教的にみれば、遺骨は祈りの対象ではありません。お釈迦さまの遺骨は〝仏舎利〟として世界各地に伝えられていますが、インドの習慣では一般の人の遺体は河へ流してしまいますので、仏教徒も高僧以外は墓をつくりません。

いまはさまざまな僧侶派遣サービスもあり、また、檀家以外の人でも参加できる催しを随時おこなう寺が増えています。つきあうべき僧侶を、自分で見つけられる時代です。この本の最後のほうに具体的な方法をいくつかご紹介しています。インターネット等の情報も駆使して、**心やすらぐお寺、この人にになら相談をしてみたいと思える僧侶を探すことを、ライフワーク**にしてみてはいかがでしょうか。

※「墓じまい」の定義は、現在のところ解釈する人ごとにまちまちです。私の場合、先祖代々のイエ墓をしまって、別の形態で供養をするようになることと解釈しています。檀信徒関係を絶たず同じ寺の納骨堂や永代供養墓に改葬する場合もありますし、なかには取り出した遺骨を散骨したり自宅保管したりする人もいますので、必ずしも「継がなくてもよいタイプの墓へ改葬する」とは限りませんが、代表例としてこのように書きました。

インターネットで派遣のお坊さんを呼ぶのはよくないことですか？

２０１５年の12月、Ａｍａｚｏｎでお坊さんが呼べるサービスが始まって話題になったとき、「宗教者はボタンひとつで呼ぶものではない」と非難する僧侶もいました。とはいえ、Ａｍａｚｏｎのような大規模商業システムに乗るのはそれが初めてでしたが、ホームページからの連絡で僧侶を派遣してもらえる仕組みは何年も前から始まっていました（「おぼうさんどっとこむ」など）。菩提寺のない人のために貢献しようと、一部の僧侶が始めたものです。

また、葬儀の説明で述べたように、葬祭業者が通夜葬儀の僧侶を手配することもあります。経由するのがインターネットであるというだけの違いで、面識のない僧侶に通夜葬儀のときだけ読経をお願いするということは、数十年前から一般的に行われていたのです。

派遣僧侶がよくないのかどうかは、出会い次第と思います。Ａｍａｚｏｎお坊さん便を運営する株式会社みんれびがエンディング関係の展示会に出展していたので、居合わせたスタッフのかたに聞いてみたところ、「話しやすくていいお坊さんを紹介してもらえてありがとうございます、という感謝の声を多数いただいています」ということでした。

私の相談者のなかにも、こんな話がありました。墓じまいをして離檀することになった菩提寺の僧侶から、行先の納骨堂（大手石材チェーンが販売していました）について、「そんなとこじゃ、朝夕きちんと読経しないだろうから、祟らないといいけどね！」と捨て台詞をいわれ、深く傷ついたと。しかし、移り先での開眼供養にＡｍａｚｏｎでお坊さんを呼んだところ、そのかたから「仏教で、祟るということはありません。お墓を管理するお墓の僧侶に朝夕読経してもらわなくても、ご自宅のお位牌で熱心に拝んでくだされば大丈夫です。安心してください」と優しい言葉をかけられ、とても嬉しかったそうです。

仏教は、死者との関係をとおして〝ご自身がいかに生きるか〟を感じ考える宗教ですから、この事例では、まさにＡｍａｚｏｎ派遣のお坊さまがおっしゃるほうが正しいですね。そして前者の「祟る」とおっしゃった僧侶についても別段、間違っている！　と腹を立てる必要もなく、「この国には仏教本来の教えとかけ離れたことをおっしゃる僧侶もいらっしゃるんだな」という事実（縁起）をそのままに受けとめておけばよいです。

❖選びたいのは千円カットの美容師か、カリスマ美容師か

Ａｍａｚｏｎお坊さん便をたとえていうなら、千円カットの美容室ではないかと思います。千円カットでそこそこの技術を持ったいい美容師さんに当たる可能性もゼロではありませんが、さして腕が感じられなくても、文句を言う人はいませんよね。

そもそも美容に気を遣う人であれば千円カットの美容室を選ばず、情報を自分で熱心に集め、あちこちの店にも通ってみて、「この人にお願いしたい！」と思える美容師に出会えるまで努力するでしょう。苦心して見つけた美容師さんが別の町で自分の店を持つということになっても、遠路はるばる新しい店まで出向いてヘアカットをお願いする場合もあるでしょう。逆に、遠いからとあきらめてほかの店を探す場合もあるでしょう。

ではこれを、菩提寺がない人が僧侶を探す場合に置き換えてみます。仏教に強い関心を持っている人ならば、日ごろからさまざまな寺院の写経会や法話会に通い、「この寺の住職に自分の葬儀は依頼しよう！」と決めることがあってもいいのではないでしょうか。

派遣僧侶からは少し話がそれますが、墓参するのに遠方すぎるからと、故郷にある先祖代々のイエ墓などをしまうことについても、美容室になぞらえて考えるとしっくりきます。たとえばこんな感じです。

実家で暮らす中高生時代は、祖母や母が代々行きつけている近くの美容室を勧められ、ほかの美容室は選べない雰囲気がありました。自分は、祖母や母ほど美容師さんと話を合わせることもできず、なんとなく重荷に感じていました。客である祖母や母のことはもちろん、自分にとってはさして魅力のないこの町のことも全面的に持ちあげる美容師さんとの会話は、こちらが話を無理に合わせているようでしかなく、解放感がありませんでした。

パーマや染色をすれば1万円以上の出費になるのに、窮屈な思いをしたうえにスタイルもなんとなく古くさい……。働くようになって独立すれば、自宅近所の別の店を選ぶということになるでしょう。身だしなみをきちんとしたい（＝お墓参りはしたい）という思いは変わりませんが、インターネットで祖母や母の時代より多くの情報を得られる時代になったいまは、好みに合う美容室をいくつも試してみて、納得のいくところを選べるようになっています。墓じまいが選択されるいきさつも、構造はこれとまったく一緒です。

話は変わって、こんどは格式の高い有名寺院に墓をもち、質の高い儀礼をしてもらい、結果としてそれにみあう高額のお布施を払い、深い宗教的体験をして満足するという場合。これは、カリスマ美容師をコネで紹介してもらい、大枚をはたいてカットしていただいたことを生涯の誇りにするのに近いかもしれません。

派遣僧侶を選ぼうとする場合、あるいは、顔をよく見知ったご住職にお願いするのと、面識のない僧侶にお願いすることについても、美容室の場合に置き換えていただければ是非をイメージしやすいのではないでしょうか。そのご葬儀や法要を、費用も時間も節約し1000円美容室で済ませざるをえないのか、そうではない場合なのかということを考えていただいたら、おのずと答えは決まってくるのだと思います（※）。

※本書執筆時点で「Amazonお坊さん便」は、僧侶を呼ぶための「法事法要手配チケット」を「通常1週間から3週間以内に発送」となっていますので、文中にあったお墓の開眼（閉眼）供養や回忌法要、お彼岸やお盆の棚経での手配を想定しており、緊急を要する通夜・葬儀には手配できません。

また派遣僧侶といっても、地域の僧侶がつくる小さな輪のなかで派遣をしてくださるところ、僧侶が主導していても全国規模で僧侶登録しているところ、あるいは「Amazonお坊さん便」や「イオンのお葬式」のように業者が全国展開で運営しているところと、さまざまです。

お墓の引っ越しをするのに、菩提寺の許可(押印)がいるのはなぜですか?

お墓の引っ越し(=改葬。イエ墓をしまって継がなくてもよい墓や納骨堂へ移る場合は、墓じまいとも呼ばれる)は、おもに「家族がみな別の町へ引っ越しお参りしづらくなったので、墓も別のところへ移したい」という場合に行われます。しかし寺院墓地の場合、墓を移すとなると、お寺の側からすれば「離檀」、つまり護持するメンバーが減るということになる点が大問題です。

檀家がひとつ減るということは、たとえ墓を継ぐ子孫がいないのだとしても、いま生きている家族の人数×何十年先までの通夜葬儀や回忌法要で入ってくるはずのお布施がなくなることと直結しています。そのため、「改葬したいのに、菩提寺が先祖の遺骨を質にとり、何十万円持ってこないとハンコを押さないと主張して困っている」という相談が後を絶ちません。なぜお寺のハンコがいるのかというと、寺は墓地の管理者であり、知らないうちに遺骨が減っていては、管理者としての責任を果たすことができなくなるからです。ご質問のかたも、スムーズにハンコを押してもらうことができずに難航していました。

改葬するとき、従来の墓地の管理者の押印がいることは、「墓地、埋葬等に関する法律施行規則」という法律に書かれています（※）。遺骨が適正に管理されずに路上に放置されていたりすれば、死体遺棄と間違われたりすることもあるのでしょう。そのため改葬許可申請書には、現在の墓地の管理者が「たしかにこの遺骨はこれまでここにありました」と記名押印する欄があるのです。だから寺院墓地に納骨されている場合、お寺のハンコがないと、遺骨の移動ができないことになっています。取り出した遺骨をどこかへ放置されないよう、受け入れ先となる霊園などとの契約書（領収証でも可能な場合が多い）を添えて申し込まなければ、改葬許可証は発行してもらえない場合が多いです（昨今は、自宅保管や散骨など受け入れ先が決まっていない人も増えたので、自治体によって差があります。次項も参照ください）。

とはいえ、このあとの項目で述べますが、法律の文章を素直に読むと、散骨や自宅保管の場合は改葬許可証がいらないことになっています。遺骨のありかを行政が把握したいという理由であるなら、矛盾が生じています。これは、法律制定当時に散骨や自宅保管ということが想定されていなかったからなのですが、現時点では、大きな矛盾になっています。

それなら散骨目的ということにして、「お寺のハンコがなくても石屋さんに相談していついつ取り出しますでいいじゃないか」ということになりますが、そうでもありません。受け入れ先の霊園等では、改葬許可証のない遺骨を受け入れることができないと定められているので、お寺のハンコ無しで取り出すことはできないのです。

ビル型納骨堂も運営する大手葬祭業者の〝墓じまい担当〟（その会社の納骨堂を契約したいが、菩提寺から遺骨を取り出すことができずに困っている人の対応をする部署）のTさんに取材したところ、「弊社の納骨堂を契約する人の1割は、故郷にある先祖代々の墓をしまっています。菩提寺との話がうまくいかずに相談してくる人が、月に20～30件にのぼります」とのことでした。

この小さな島国のなかで、どれほど多くの人が、菩提寺との関係に頭を悩ませているのかと考えると、胸が苦しくなります。そもそも仏教は、悩み苦しみを解決するための教えであるはずなのに。

拙著『聖の社会学』（イースト新書）の読者から寄せられた感想ハガキに、次のような悲痛なうったえがありました。

「改葬について、大変参考になりました。拝読のきっかけは、相性の悪い菩提寺との関係を終わりにしたいと思っているからです。菩提寺の証明無しに容易に改葬できるようにしてほしいです。**そうなれば、同じ宗派の寺院へ改葬しやすくなり、檀信徒の減少にならないからです**」

先祖代々信じてきた宗派を大事にしたい、仏教信者が減らないほうが望ましい、とお考えのかたが、このように菩提寺との関係に悩み、できることならハンコをもらわずに墓じまいをしたいと考えていらっしゃるのです。

伝統仏教教団の宗務庁の大半は、所属寺院が仏の教えを説かずにカネの話ばかりしていようと、高級車を乗りまわし歓楽街で放蕩にふけろうと、仏法に照らしてそれを裁く機能を備えているとはいえません。その結果、**伝統仏教各派は、仏の教えを大事にしようとする人をどんどん取り逃してしまっている**――この1枚のハガキが、そのことを象徴的に教えてくれます。

折り合いのよくない菩提寺とは最低限の関係（年に一度以上の墓参と、年間管理費の納入）を保ちつつ、慕える僧侶を新たに探していただきたいと、切に願います。そして、法律の矛盾を埋めるため、散骨等も視野に入れた法改正が望まれるところです。

※改葬するときは、墓地を管轄する市区町村役場指定の改葬許可申請書を取り寄せます（ホームページからダウンロードできる自治体がほとんどになりました）。

この改葬許可申請書には、死亡者の本籍・住所・氏名・性別・死亡年月日・火葬（または埋葬）の場所・改葬の場所と理由などを記載し、墓地等の管理者が作成した埋葬もしくは埋蔵または収蔵の事実を証する書面を添付しなければならない、と「墓地、埋葬等に関する法律施行規則」第2条に定められています。

ただし、移り先についてのこと（改葬の場所と理由など）は、市役所等へ提出するときまでに記入すればいいのであって、元の墓地の管理者が証明すべき部分を先に記入してもらうことは可能です。ですから、「墓をしまって、遺骨をどこへ移すのか？」を、しまう墓の管理者に伝えたくなければ、知られずにおこなうことは可能です。

自宅に骨壺を何年も置いておくのは、よくないのですか？

地域によっては一周忌に納骨するエリアもありますが、関東近県ではおおむね四十九日忌での納骨が一般的です。相談者のなかには、「亡夫の遺骨の一部を手元供養したかったのに、義母が四十九日忌までに納骨しないと縁起が悪いと、勝手に本家の墓へ全部入れてしまった」という人もいました。

私は行政書士なので、相続のご相談をいただいて、葬儀の数ヵ月後に相談者のご自宅へうかがうことが多いのですが、たしかに首都圏で四十九日忌をだいぶ過ぎても納骨できず、ご自宅に遺骨を置いていらっしゃるご家庭が増えたと実感しています。僧侶の知人からも、「数年たっても納骨していないという人が増えている」という話を耳にします。

遺骨をあまり長い間、納骨しないでおくことは違法なのではないか？　と考える人もいますが、日本国の法律上もそんなことはありませんし、もちろん仏教のどんな経典にも、いつまでに納骨しなければいけないということは書かれていません。

「墓地、埋葬等に関する法律（以下、「墓埋法」といいます）」では、遺体を埋葬（＝土葬）または埋蔵（＝火葬した遺骨を埋めること）する場合には「墓地以外の区域に、これを行ってはならない」と定めています（第4条）。そして墓地とは、「埋葬または埋蔵をする墳墓を設けるために、都道府県知事等の許可を受けた区域」としています。

ここで一休さんのクイズみたいになるのですが、「埋葬」も「埋蔵」も「埋める」という字がついているので、土中を指していると解されています。だから遺骨を地上（土中以外の場所）に保管する場合や海に撒く場合は、墓地として許可を得た区域内でなくてもいいという解釈が成り立つのです。

というわけで、法律上は自宅の室内（地上）に骨壺を置いておくのに許可はいらず、何年保管しておいても構いません。地下室であったとしても、そのために穴を掘って土中に埋めたわけでなく、生活空間である室内に保管しているのであれば、（判例はありませんが）埋めていることにはなりませんから、おそらく問題ないと解釈されるでしょう。最近では、自宅で目立たないように遺骨を保管できる「ご供養家具」なる商品も販売されています。

ただし、「他人の委託を受けて焼骨を収蔵する」場合は、地上であっても「納骨堂」として都道府県知事の許可を受けよと規定されていますから、遺族が自宅などに安置する以外には、許可なく遺骨を置いておける場所はないと思われます。親族が自宅で「誰の遺骨」と認識して保管するなら問題はないですが、業者等が不特定多数の遺骨を預かるには納骨堂としての許可がいる、というわけです。

まとめますと、ご自宅に遺骨を置いておくことは、法律上は規制されていません。しかし、葬儀の項でお話ししたように、遺族はいつか死者との記憶にケジメをつけ、その先の人生を生きてゆかなければなりません。死者との思い出（過去）へ向いた気持ちを未来へ転換させてゆくのが宗教の役割のひとつであるとすれば、納骨する気持ちになれずいつまでも遺骨を自宅へ置く人が増えたことも、厳しいみかたをすれば、一般のお寺で仏教の教えがきちんと伝わっていないということの表れなのかもしれません。

❖引き取った遺骨を自宅保管する場合も、可能なかぎり「許可証」を！

遺骨を自宅で保管する場合や、イエ墓から取り出した遺骨を粉骨にして散骨する場合には、墓埋法上の改葬にあたらないため、役所で発行される改葬許可証はいらないことになっています。

じっさいは、受け入れ先となる墓地や納骨堂があるという証明（契約書や領収証の原本など）がないと改葬許可証を発行してもらえない自治体が多数なので、寺墓地や公営墓地にいったん埋蔵された遺骨を、自宅で保管したい、あるいは散骨したいからといって取り出すことは、現時点ではうまくいかない場合も多いようです（※※）。

墓じまいをしていったんは自宅保管しても、いずれ管理していた人が亡くなるときには、どこかへ納骨しなければならないかもしれません。しかし法律に従うなら、**改葬許可証がなければ、どこの納骨堂も受け入れてくれない**ことになっています（墓埋法第14条の2）。

遺骨を取り出すときには移り先がまだ決まっていなくても、また役所で「自宅保管するなら許可証はいらない」といわれたとしても、いずれは納骨する予定だと話し、許可証を発行してもらうようにしたほうがよいです。遺骨の管理をしてきた人もいずれ亡くなります。改葬許可証がないと、自宅を処分した際に骨壺の行き場がなくなってしまうからです。

なお、火葬場から引き取ってきた骨壺をそのまま自宅で保管する場合は、埋（火）葬許可証に火葬済という証明（火葬場の担当者の印）を加えた書類が骨壺と一緒に入っていますので、将来どこかへ納骨したくなった場合、それを添付すれば問題はありません。

引き取ったあとの遺骨を親族の墓へ入れれば、回忌法要で向こう何十年にもわたって多額のお布施がかかり、墓じまいしたあと別の納骨堂などに移すにもまとまった費用がかかる……。同居もしていないおじ・おばの遺骨を、何十年先までの供養も含めて責任をもって引き取るといえる人ばかりでないのは当然のことでしょう。供養にかかるそうしたお金の負担に加え、遺骨を動かすのに自宅保管を経由するとなると、役所によって書類が「いる・いらない・要望しても発行できない」と対応がまちまちでは、市民は混乱してしまいます。遺骨がどこの誰のものかをはっきりさせておくことが目的であるならば、自宅保管の場合にも改葬許可証を発行するようにしたらいいと思います。

※刑法190条の死体損壊等……死体、遺骨、遺髪又は棺に納めてある物を損壊し、遺棄し、又は領得した者は三年以下の懲役に処する。

※※自宅保管のために取り出すことを一度は市に拒否されたものの、市民オンブズマンの力を借りて許可にこぎつけた事例を業界内で聞いたことがあります。また、受け入れ先がなくても改葬許可証を発行する自治体が少しずつ増えているということも聞いています。

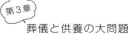

散骨は、仏教でOKとされているのですか？

２０１７年秋の時点の法律では、**許可もされていませんが、禁止もされていません。**

法務省の担当官が１９９０年代に、「散骨が節度をもって行われる限りは違法性はない」と発言し、厚生労働省でも「墓埋法は散骨を明確に規制の対象とはしていない」との見解を述べた（いずれも、公式見解ではなく個人的見解とされています）ことから、業者による散骨が増えてきたといわれています。

法務省発言にある「節度をもって」とは、前項同様に刑法１９０条の死体損壊等と間違われないよう、遺骨を粉状にすることと、近隣から苦情の出るような場所には撒かないよう配慮することと考えられています。地上に撒けば粉骨が雨水とともに川へ流入し、飲料水に混じることもあるので、周辺住民への配慮から、業務散骨といえばほとんどが海洋散骨となっています。例外として、非営利団体のＮＰＯ法人 葬送の自由をすすめる会や一部の宗教法人などが保有もしくは借り受けている撒骨場で、墓埋法にもとづく墓地許可を得ている場所もあります（大山隠岐国立公園の無人島を散骨場とした「カズラ島」、この章終わりのコラムで紹介している栃木県幸福寺の「森林散骨」など）。そうした限られた場所であれば地上でも大手を振って撒くことができますが、「お父さんの骨は、大好きな南アルプスに撒いてくれ」などの希望は、公然とは実現することはできません。市町村単位で、条例により散骨を禁止しているエリアもあります。

なお海洋散骨は多数の業者が取り扱っていますが、クルーザーに乗船するときはTシャツとジーンズなどの軽装で行く人がほとんどと聞いています。海へ行楽に来ている人やサーフィンを楽しんでいる人への配慮から、喪服での乗船は控えるようです。さまざまなアンケート結果をみると散骨希望者が3～5割近くにものぼるのに、現実には亡くなったかたの1～数％しか散骨されていない（※）のは、このような説明を聞いて断念するかたが多いためのようです。

❖仏教的に、散骨することに問題はない

散骨について、お坊さんがたはどう考えるのでしょう。「墓に納骨してもらわなければ回忌法要ができないから収入が減る。だから当然、僧侶は猛反対するだろう」というのが、

おおかたの葬祭業者の意見でした。ところが、7年前に私が主宰する任意団体ひとなみで、6人の僧侶（宗派は真言宗3名、浄土宗1名、浄土真宗1名、日蓮宗1名）と散骨をテーマに座談会をしたところ、意外な展開となりました。

「いいんじゃない？」

「骨壺でカロートに入れていても、何十年もしたらほとんど水になるんだよ」

「骨壺に入れたときより、ちょっと早めに自然と一体化するだけじゃない」……ｅｔｃ．

全員が否定しなかったばかりか、浄土真宗のかたからは「親鸞聖人は、自分が死んだら鴨川にでも流してくれとおっしゃったんだから」と完全肯定説が出ました。

ただし、亡くなってから時間がたつと、手を合わせたくなるときがきます。そのときに撒いた場所へいってみても、海は広すぎてどこへ向かって手を合わせたらいいのかわからず、不安になったという意見が多数あるそうです。

仏具販売店のかたに聞いたことですが、散骨後1年以上たってから、「夫が成仏しているのか不安でしょうがないので、空っぽでもいいからお仏壇をください」、「お位牌だけでもつくりたい」といった申し出があるそうです。**ですから、よほどしっかりとした死生観をお持ちのかたでないかぎり、全骨を撒いてしまうよりも、一部は残して手元供養などを**

併用するのが無難といえます（※※）。

いったん納骨してある遺骨を散骨する場合は、前の項目で説明したとおり、改葬許可証はいりませんが、無断で取り出すと管理しているお寺も困るでしょうから、きちんと話し合いをすべきです。散骨業者が改葬許可証なしに散骨しても違法ではありませんが、お骨の出所を確認できないまま撒いてしまうのは刑法に触れるおそれがあります。

もちろん、寺との関係が難しくて証明を出してもらえないかたの散骨を、危険を承知で引き受けてくれる業者もあります。事情を知ってなお法の網スレスレをかいくぐってくれている業者なのか。それとも、商売になりさえすればよいから遺骨の出所も聞かずにホイホイ受けてくれる業者なのか。選ぶのは消費者です。現場の状況と法知識をもったうえで、気持ちの通じる業者を選んでいただきたいです。

※散骨総数の確かな統計はありませんが、年間死亡者数が約１３０万人であるのに対し、名の知られる海洋散骨専門の公益法人や一部の散骨業者が公表している散骨実施数がおおむね年間３００件程度。同様の業者が１００あるとしても年間３万件なので、数％と推察しました。

※※仏教ではお骨を拝むことは本来はしませんが、いまの日本ではお骨を拝みたい人が多いので。このことについては章末コラムでも詳しく述べています。

お寺に参るとき、なぜ合掌するのですか？

合掌はインド古来の敬礼作法のポーズで、それが仏教にとりいれられたとされています（『民俗小事典　死と葬送』、吉川弘文館）。では仏教的には、合掌にどのような意味があるのでしょう。お坊さんと一般の人が集う催し「仏教の基本のキ」（寺ネットサンガ主催、２０１７年8月）で、ちょうど同じ質問が出て、さまざまな宗派のお坊さんが合掌の意味について語ってくださいましたので、順にご紹介します。

まず、インドでは右手が清浄で仏をあらわし、左手が不浄とされ煩悩をあらわしているので、合掌は対立するふたつのものが合わさることの象徴であるということです。この説明は、仏教の根本原理をそのまま表していて、とてもわかりやすいですね。また、天台宗などの教義では、10本の指がそれぞれ仏教の十界（地獄界・餓鬼界・畜生界・修羅界・人界・天界・声聞《しょうもん》界・縁覚《えんかく》界・菩薩界・仏界）を表現しているといわれています。合掌はこの十界が融合することにつながるともいわれます。

また別のお坊さんによれば、合掌は「あなたと私は同じだよね」ということを示すフォームなのだそうです。仏教的にいえば、仏と私は同じ、ということを意味しているともいえます。仏教は智慧と慈悲がセットになっています。**あなたと私は一緒、共通項がありますね、ということを発見するのが慈悲の根源**で、**慈悲を発見できる能力が智慧**というわけです。たとえば、道端で出会った初対面の相手に話しかけるのに、「いいお天気ですね」と、相手も99%同意できるであろう話しかけをしてみる、という工夫などが慈悲の発端というわけです。さらに別のお坊さんは、「手を合わせていれば相手を殴ることなどができないので、仏教思想の平和主義をあらわしている」とも説明してくださいました。

ところで、仏教国でも僧侶のみが合掌する地域もあれば、一般の在家の人々も合掌をする習慣のある国もあり、使われかたはさまざまです。インド人も「ナマステー」と挨拶するとき合掌しますが、日本でも「いただきます」や深く感謝してお礼を述べたいときなど、日常的な動作でもしばしば手を合わせるほど、合掌の習慣がひろまっています。

それから、私たちは神社でも手を合わせるように思えますが、神社では拍手《かしわで》を打ち、打ったあとでお辞儀をするときには両手を脇へおろすのが基本で、本来は祈る最中には合掌をしないと聞きます。神宮寺という名前のお寺があるくらいで、神社とお寺は融合していた時代が長いので、神社で祈るときにも「手を合わせる」ようになったのは、仏教の動作が派生したものなのでしょう。

合掌のしかたにも、宗派や地域によって差があります。タイでは、目上の人に出会ったときは鼻の近くの高い位置で合掌し、目下の相手には胸のあたりで合掌して敬う人との関係性を表したりもするそうです。日本でも臨済宗と曹洞宗では肘の張りかたや合掌の高さが微妙に違います。掌を平らにくっつけず閉じた花のようにふわっとさせ、蓮の花咲く仏の世界を連想させる蓮華合掌という形もあります。真言宗では、右手を少し手前にずらし左右の五本の指が互い違いになるようにする金剛合掌で、仏と私たちとの一体感をより堅固に表現します。

ちなみに最近では、合掌をするとアルファー波が出て落ち着くという報告がさまざまなところでされているそうです。合掌はその形状も慈悲や平和を象徴していますが、そのポーズをとることで、脳に変化が生じ、じっさいにも争いが起こりづらくなるという効果があるのですね。

❖合掌をするとき、何を思い浮かべるべきですか？

では、お寺で合掌するとき、どのようなことをイメージするのがよいのでしょうか。

昨今の日本では、日々お仏壇に向かって祈る場合も、お位牌やお墓に向かって祈る場合も、一緒に暮らしていた特定の故人を思い浮かべる人が圧倒的に多いと思います。でも本来、宗教的におこなう合掌は、ご本尊やお釈迦さまを敬う気持ちでするものなのではないでしょうか。

半世紀ほど前、それぞれの家には歴代先祖の遺影が飾られ、会ったこともない時代のご先祖さまも含めてお参りされていました。何代も前までつながるご先祖さますべてに祈りを捧げていたころ、〇〇家のご先祖さまといってもそれはほとんど「有縁無縁三界萬霊」（縁のある人も、ない人も、命あるものがあの世ですべてつながっている）に近い意識になっていたのではないかと思います。なにより、ご先祖さまの祖霊が天災などから守ってくださるという畏敬の念があったので、〃人間ごときの力ではどうにもできないことについて祈る〃という宗教的な意味合いが強かったと思います。

でもいま、顔を見知った誰かを思い浮かべて私たちが祈る場合、人智を超えたものへの畏敬とか、人間ごときの力でどうにもできないことがあるといった諦念があるでしょうか。

宗教とは、この2つの大きな軸――人間ごときの力でどうにもできないことがあるということを認識する智慧と、人智を超えたものへの畏敬――によって成り立つものと思うのですが、科学の力でなんでも解決できるかのような時代になり、私たちが祈るとしても、少しだけ先に亡くなった身近な誰かに語りかけるだけとなったいま、その軸が遠のいているように感じます。合掌するとき、何をどのようにイメージすれば、このギャップを埋められるのでしょうか。これについても、複数のお坊さまがたに答えていただきました。

「私たちが生きているこの世界が仏さまの世界であるとイメージしながら、亡くなったかたもわれわれもみなこの世界にいるとの思いで」（日蓮宗僧侶）

「（通夜葬儀の場合）建前としては、故人がそちらへいくことについて仏さまにお願いするしかないので、仏さまに一心を傾けて祈る。とはいえ、迷いがある自分や、周囲の人々との軋轢など、この世で気になることも自然と思い浮かんできます。故人への感謝やあの世での冥福を祈り、今後の自分の生きかたの決意表明をして安心してもらおうとする人もいるでしょう。合掌する間はそのさまざまの間をいったりきたりでいいと思います」（真言宗僧侶）

「坐禅のあとの合掌では、ご先祖さま、あるいは世界との一体感が思い浮かぶと思います。

それに慣れていただくと、ふだんの合掌も、森羅万象とひとつになった感覚でしていただけるようになるのではないかと思います」（臨済宗僧侶）

実家と嫁ぎ先の宗派が違います。違和感をなくすには？

違和感を持ったままご供養を続けるのは嫁ぎ先のご先祖さまに失礼なので、どうすればよいのかというご質問です。その前にまず、昔はなぜ違和感なく嫁ぎ先の宗派にとけこむことができたのかを考えてみます。

地域によってばらつきはありますが、以前は祭祀承継をする予定の長男の嫁は、相手の両親と同居するのが当たり前でした。農家や商売を営んでいれば、嫁でありながら仕事仲間でもあるので、嫁ぎ先の宗派の参りかたを知らない人は稀でしたし、毎朝夕にお仏壇の世話をしていれば、実家と多少やりかたが違っても、時間の経過ですぐに慣れたでしょう。

戦後になって大手資本が台頭し、サラリーマンが増えて農家や自営業の割合が激減し、嫁ぎ先に同居して一緒に働くケースが少なくなると、祭祀を承継する相手に嫁いだ人でも、義理の両親に仏壇の飾りかたなどを聞ける機会がなくなりました。両親を送るときは夫が幼少からの見よう見まねでなんとか済ませるのでしょうが、夫を送る段階になると、嫁いできた妻は、位牌のつくりかたも、お寺への支払いのことも、何もわかりません。

ご質問のような疑問を持たれるかたは、神仏を敬う気持ちが篤い人と思います。ところが、いまの伝統仏教寺院のなかには、そうした気持ちを汲まずに「常識がない」、「非礼だ」と決めつけ、宗教意識の高いはずの人をみすみす逃して新宗教などへ走らせてしまう傾向があります。

自分の宗派の伝統だけが正しく、ほかのやりかたは間違っていると否定するのは、仏教的ではありません。仏教では、「そういうやりかたをする宗派もある」という事実をただ認識すればよく、そこに良い・悪いというレッテルは貼りません。

寺請制度の名残で、その寺に墓のある家に生まれた人や嫁いできた人を「護持会費」で囲い込んでいるのも、時代とともにじょじょに撤廃してゆくべき風習と思います。墓を継ぐ血縁者を自動的に信徒名簿に記載するのではなく、教えを理解してもらい、個人個人のその教えにたいする信条を確認してから、信徒名簿に記載されるのが理想です。檀家名簿に名前があっても、「たまたま生まれた家の墓がその寺にあった」というだけで、寺で何かを学ばせていただいたこともなければ、宗派の教えの特徴も知らない人ばかりでは、墓じまいや寺離れが急速な勢いで進むのも当然のことです。

❖宗派の違いは中心とする経典が違うだけ。ぜんぶお釈迦さまの教え

質問に話を戻すと、「それぞれのやりかたで構わない」と言ってくれる寛大さをお持ちの僧侶も、半数くらいはいらっしゃると思います。これからはぜひ、そうした寛大さをお持ちの僧侶を見つけていただきたいと思います。

信頼する臨済宗の和尚さまが教えてくださいました。

「お釈迦さまはいろいろな地域で教えをひろめ、その教えは6000以上のお経となって伝わっています。若いころの情熱的な教えもあれば、組織が少し大きくなって管理職の心がまえのような組織経営的なことをお考えになられていたころの教えもあり、また高齢で身体が弱くなられてからの健康や養生についての教えもあり、さまざまです。

そのいろいろな教えが中国をへて日本へ伝わって、いまにつながっているわけです。サンスクリット語やパーリ語で書かれたお経を漢字に翻訳した三蔵法師さんがたくさんいました。その中に、鳩摩羅什《くまらじゅう》さんという、インド人と中国人のハーフのお坊さんや、日本でも『西遊記』でおなじみの玄奘《げんじょう》さんというお坊さんもいました。その漢字に翻訳されたお経のなかから、中国や日本のお坊さんたちは、それぞれどのお経が好きで、一番の教えとしてどのお経を選んだかという違いでさまざまな宗派に分かれましたが、もともとはお釈

迦さまという、ひとりの人の教えです。**選んだお経が違うだけで、どのお経も同じひとりの人の教えですから、すべてはつながっています**」

また別のあるお坊さんは法要のとき、このようにお話しされていました。

「お焼香の回数は、おうちの宗派によっていろいろあるかもしれませんが、じつはどのお経にもお焼香の回数は何回でなければいけないということは書いてありません。それよりも、気持ちを届けようとすることが大切です。何回だったっけ、違っているかも……と迷わず、お好きな回数で構いませんから、どうぞ気持ちを整えてお焼香してください」

迷いを払いのけ、気持ちを整えて自分のよいと思う回数で。とてもわかりやすいと感じました。

そうはいっても宗教儀礼は皆で同じようにしてこそ意味がある側面があるので、違和感がそれほどないならば、嫁ぎ先の宗派のしきたりやマナーに合わせようとしてみることも重要です。少なくとも、お唱えする言葉（南無阿弥陀仏、南無釈迦牟尼仏、南無妙法蓮華経など）は揃えてみるのがよいと思います。知らずにマナーを破ってしまうのはしかたがありませんが、指摘されて理由がわかれば、次のときからは正そうとしてみるのがよいでしょう。

なお、**異なる宗派のやりかたを混ぜると祟るとか、縁起がよくないと教えるのはそれこそカルト的な思考で、本来の仏教にはない危険思想**です。そのようにおっしゃる宗教者がいらしたとしても、まどわされないことが大事です。

ちなみに私は、子どもをプロテスタントの幼稚園に通わせていました。神仏のような大きな力に感謝をする、手を合わせるといった習慣は、長じてからよりも幼少のときに体験したほうが身につきやすいと感じたので宗教法人立の幼稚園を選びたかったのですが、近くにはプロテスタントの幼稚園しかなかったためです。

毎週1回、保護者向けの礼拝もあり、牧師さんの話を聞いたあとで讃美歌を斉唱します。讃美歌の最後には「アーメン」と言わなければなりませんが、はじめのうちはどうしても口に出せず、その部分だけ黙っていました。ところがあるとき、「アーメン」に合わせて「ナァームゥー」という言葉が口をついて出ました。前半の母音がA、後半がMで始まるので、一人だけ別の言葉を唱えているとは知られることなく、妙にしっくりと気持ちになじんでしまいました。以来、知人の葬儀がキリスト教式のときなど、いつも「アーメン」の代わりに「ナァームゥー」と唱えております。

じっさい、駅雨にいらしたお坊さまと立ち話をしていたら、こんな話をしてくださいました。

「世界はつながっている。数珠のような道具は仏教以外にキリスト教にもヒンドゥー教、イスラーム教にもある。ユダヤ教にはアミダーの祈りというものがあるしそれがキリスト教に入ってアーメンとなり、仏教で阿弥陀となった」

世界じゅうの信仰は、おおもとはつながっていたのかもしれません。

葬式以外で、期待されるお寺の役割は何ですか?

宗教者にボランティアや被災地支援などの社会貢献活動を求める声も多いですが、私はむしろ、精神的に疲弊することの多い社会であればこそ、社会貢献活動以上に、本来の宗教的活動（ラクに生きるにはどうすればよいのか、を探究すること）に専心していただきたいと考えています。

いまとは逆に、宗教が浸透した社会とはどういうものでしょう?

宗教者だけでなく一般の人々も「おたがいさま」、「おかげさま」、「ありがとう」をひんぱんに念じ、周囲のありとあらゆるものとの縁に感謝をして日々の仕事をおこなう社会ではないでしょうか。日本も、各家に仏壇があったころまではそうだったと思います。戦後の経済発展のさなかでも、急成長した企業の重役がみな「おかげさま」といい、自社の功績をアピールするよりも「ありがとう」に重きを置いていた時代がありました。そのころ日本は、世界が驚嘆する勢いで高度経済成長をとげました。

いまは、仏壇を持つ家が半数以下になり、「少しでも多く利ザヤをかすめとってやろう！」、「他人より秀でてみせよう！」といった熾烈な競争が横行する社会になっています。だから**いまほど、宗教者が、世俗の社会とは真逆のものの見かたや価値観を提示することが求められる時代はない**と思うのです。

読者のかたは、「私は利ザヤをかすめとろうなんて望んだことはない」、「ただまじめに上司の求めにしたがって日々の仕事をこなしているだけ」と思う人がほとんどでしょう。しかし、その上司や企業が求めているのは、同業競合他社を追い落とすことであり、顧客をあざむいてでも利益をかすめとることになってはいないでしょうか。

バレンタインの季節に、ワイドショーでこんな話を耳にしました。

「バレンタインにちなんで、チョコレート味のカップ麺が店頭に並んでいます。おそらく誰もおいしそうとは思わないのに、こうした商品をなぜつくるのでしょうか？　現場で取材しました」

メーカーの広報担当者が答えていました。

「Ｔｗｉｔｔｅｒで〝マズい〟とつぶやかれると、〝どのくらいマズいか食べてみたい〟という人がいらっしゃるので、かえって売り上げが伸びるんです。ですからマズいと思われても当社としては損にはなりません。さらに、いったんチョコレート味のカップ麺を食べたことによって、多くの消費者は、ふつうのカップ麺を食べてみたいと感じます。何もしなければ通常商品の売り上げは右肩下がりになるわけですが、ときどきこうした奇抜な季節商品を出すことによって、それがおいしかろうとマズかろうと、通常商品の売り上げを刺激するので、充分な効果があるわけです」

スタジオの面々は「なるほど～」と頷いていました。私はそこで、ちょっと待てよ、と思いました。マズいとわかっている商品をわざわざ開発して売る、というのは顧客への愛がありません。食材に対しても失礼きわまりない話です。それなのに、この話を聞いた視聴者の多くは「そうだよね」、「なるほどね」と納得し、チョコレート味のカップ麺を買いに走ってしまう。**そんな社会って、なにかが狂っている**と思いませんか？

マズかろうと、健康によくなかろうと、販売成績が上がりさえすればいい――。大半の企業がそのように売り上げのみを競い、使った人から感謝されることを求めない世のなかになっているのです。消費者もわかっていながら、了解してモノを買い続けています。**資本主義社会でよくない商品が流通した場合の唯一の抵抗は「買わないこと」であるにもかかわらず、わかっていても買い続けている、つまりまともな思考がマヒした状態**なのです。

そう、われわれは刺激に飢えすぎているのです。こんなにも商品があふれかえっているのに、刺激にマヒしてしまって絶えず刺激がないと生活していかれなくなっており、刺激がほしいのでマズイという刺激にさえ、お金を出して買ってしまう……。

これは、はたして幸福な社会なのでしょうか。

❖あくなき消費社会にブレーキをかけるのが宗教の役割

とどまるところを知らずどこまでもあふれる私たちの消費欲求に、ブレーキをかけることができるのが、宗教です。

昨今、もっともうまく機能しているのはイスラーム教ではないでしょうか。金銭は、生きている間に一時的にアラーの神から預かっているだけ。ひとりで富を独占する人があれば神がお喜びにならないので、オイルマネーで稼いだ人たちはたくさんの寄附をしてゆきます。宗教のおかげで富は独占されにくく、うまく循環しているのです。

また、人の手が入りすぎたものは食べてはいけないという考えにより、信徒はハラール認証を受けた食品しか口にしません。これも、添加物や遺伝子組み換え食品を（完全にではないにせよ）抑制することにつながっています。イスラーム教徒が爆発的に増えているのは、人口が増大している地域に信者がいるからともいわれますが、それだけではないと思います。キリスト教や仏教よりも後発の都市型宗教なだけあって、現代社会が直面している「ゆきすぎた側面」にブレーキをかける機能が非常に優れているからだと私は感じています。

仏教も、そもそもは「お袈裟一枚以外は何も所持しない」ところからスタートしていますから清貧生活を推進していましたし、釈尊はカースト制度のなかで貧富の差を忌避するさまざまなエピソードを残しています。長い歴史のなかで貨幣による布施が許容されるようになり、大乗仏教国で在家による信仰も重視されてきた結果、「住職には高級品を布施しなければいけない」、「たくさん金品を積めば、あの世へいってもよい暮らしができる」といった、本来の仏教ではありえないような考えが流布してきたように思えます。

いま、地球環境問題どころか人類が宇宙にまでもゴミをまき散らしている状況があります。さらには、アンチエイジングの医療や遺伝子治療による寿命延長など、命をお金で買うような開発競争がエスカレートしています。長寿社会になったために年金や医療費の社会保障出費が国政を圧迫しているのに、お金で寿命を延ばす時代が来ようとしているのです。**消費社会へのブレーキが、いま最も必要とされる時代**といえます。

仏教も、イスラーム教と同様のブレーキ作用を本来は持っていました。これからは、そのブレーキの側面を重視してゆくべきだと感じています。

違いは、仏教寺院では富が僧侶や寺へ集約されてしまうことです。イスラーム教にはウラマーという知識人はいますが、聖職者はいません。みな在家信徒です。ですから金銭はモスクへ寄附されますが、それは生活に困った人が持っていって構わないお金であり、賽銭泥棒という概念が存在しないと聞きます。つまり聖職者に対して布施がおこなわれる仏教と違い、信徒の間で弱者救済が自動的におこなわれる構造になっているのです。

これを見習うとすれば、仏教寺院が富の循環の中継地点となればよいと思います。お寺はお金をたくさんもらってはいけないのではなく、必要以上に蓄積してはいけないだけです。ありがたい教えを説いて多くの人から布施を集め、それを困窮している人のために使い、**たくさん循環させなければいけない**のです。

お釈迦さまのエピソードを読み返すと、お釈迦さまは相談者の質問にほとんど答えていないのです。ズバリと答えをいわずに、質問者が自分で答えにたどりつけるような示唆をしています。たとえばある国の王が、商売が盛んで栄えているヴァッジ人を討とうし、釈尊にどう思うかと質問します。そこでお釈迦さまが答えたのは、その隣国がなぜ栄えているのかについての意見です。ヴァッジ人は共同してなんでも話し合いで決め、旧来の法を大事にし、古老を敬い、婦女・童女を暴力で連れ出さず、部族の霊域を敬い、尊敬されるべき修行者たちに保護と支持を与えている、これらが守られている限りヴァッジ族は繁栄するから攻め滅ぼすことはできない、と説きました。

このような教えが全国の寺院で正しく説かれれば、隣国から物理的脅威を与えられたときでも、ひとりひとりがどう対処すればよいのかが見えてくると思います。

コラム

参るべきは遺骨？ 位牌？

日本人は遺骨を大事にしますが、これは火葬率がほぼ100％に近いという特殊事情によるものです。海外、ことにカトリック信仰の強いイタリアなどでは復活を信じるため土葬文化が根強く、またイスラーム教徒も土葬ですので、世界的にみると火葬率がここまで高いのはじつは異例のことなのです。土葬の場合は衛生上の問題もあり、遺骨をめでることはできません。まさに「化けて出るなよ」とばかりに棺は大きな釘で封印され、遺体は土中深く埋められました。

日本での火葬は、万葉集にも記述があるくらいで古代から行われていましたが、明治政府が火葬禁止令を出して2年弱の間、都市部での火葬が禁止されていた時期もあり、近代までは土葬のほうが主流でした。『民族小事典　死と葬送』（吉川弘文館、2005年）によれば、日本の火葬率は1896（明治29）年に27％弱、1955（昭和30）年で54％、1984（昭和59）年が94％となっていますので、急速に普及したのは戦後のことです。

しかし火葬が普及したといっても、20年ほど前まではまだ、いまの手元供養や自宅保管のように「遺骨をそばに置いてめでる」という人は稀でした。私は10年ほど前、散骨を推奨する人たちのブログで、はじめて「遺骨をいとおしむ」ということを知りました。まだ業者や火葬場も遺骨を粉骨にするグラインダーを持っていなかったので、散骨したい人は自宅で遺骨をハンマーで叩き割ったりする必要があった頃です。近隣に迷惑とならないよう座布団を何枚も重ね、飛び散らないようビニール袋で包むなどして割る方法が書かれていました。家族の遺骨をハンマーで叩き割るというとそれこそ遺体にたいする虐待ではないかと残酷に思えたりもしましたが、じっさいに夫や妻の遺骨を粉砕した人の談話では、「最後には粉になった伴侶をいとおしく撫でる」と書かれていて、そういうものなのか……と驚いた記憶があります。それくらい、遺骨をめでるというのは意外なことだったように思います。

葬祭業者の知人は10年ほど前、「喪主のかたは位牌をお持ちください。遺骨は、そのあとに続くかたがお持ちください」とうながしても、喪主が「いいえ、私は位牌ではなく遺骨を持ちたい」と主張することが増えてきたと話していました。亡くなったかたの消息を求める戦没者遺骨収集などはもっと前からありましたが、身近に置いていとおしむ、話しかける対象にするという意味で位牌よりも遺骨がきわめて大事にされるようになってきたのは、いまから10年ほど前からではないかと推察されます。

仏教的には、〝引導を渡す〟という表現からもわかるように、むしろ遺されたかたの「この世での生きかた」のほうに重点があります。とくにいまの日本で多数を占める浄土真宗では、葬儀や法要の場面を、亡き人をしのぶ場とは考えません。亡き人はすでに往生しているので心配することなく、生きているわれわれが「亡き人とのご縁をとおして仏法と出会う場」と考え、生きている人の信心を重視します。

そこから考えると、故人が生きているときを思い起こさせる遺骨そのものを拝むより、位牌というアンテナを拝むほうが宗教的には妥当なような気もしますが、「以前は位牌のほうが重視されていたが、10～20年ほど前から遺骨を重んじる人が増えた」という事実をそのままつかんでおきましょう。

位牌よりも遺骨を重んじる人が増えた背景には、人生にゆきづまったとき、思わず「神さま、仏さま」と心のなかで手を合わせる人がほとんどいなくなったこと、マンション暮らしなどで仏壇を置けない人が増えたため、仏壇があればご本尊とともに置いてあるはずのお位牌に手を合わせるという習慣がなくなったことなどが挙げられると思います。

遺骨や粉骨は、位牌のようにお焚き上げすることができません

では、お位牌の代わりに日常的に自宅でご遺骨を拝む場合の注意点について考えてみます。骨壺のままご遺骨を自宅保管する場合のほか、微量の粉骨を手元供養する場合も同じことがいえると思います。

独居の高齢のかたのサポートをしていて、「納骨していない弟の遺骨が自宅のどこかにあったはず」といわれたことがあります。相談者は長男の妻で、義理の弟の遺骨のことをいっていました。10年ほど前まで、傍系のかたの遺骨を先祖代々の墓に入れるとカロートがすぐいっぱいになってしまうので、長男以外の納骨を渋る寺院が多数でした。このかたの場合も、「弟を弔うなら別にもうひとつお墓を契約してくれ」といわれ、経済的に無理があってやむなく自宅保管してきたのでした。

折しも相談者自身の入る納骨堂を一緒にお探ししているときだったのですが、決めてしまう前でよかったです。骨壺が複数あるなら、予算内で選べる形式のところが限られてきます。昔のお墓は骨壺がいくつあっても入れましたが、最近の納骨堂や永代供養墓の契約料は、入る人数×永代供養料ですので、骨壺の数によって予算が大きく変わってきます。

ご自宅で骨壺を管理するなら、管理していた本人が亡くなった場合に、**ご自身の遺骨と管理していた遺骨をどうしてほしいのかについて生前によく考え、エンディングノートにしっかりと記しておく**必要があります。どこかの永代供養墓へ入れてもらいたい場合は、生前に契約をしておき、納骨してくれる人も探し、そのかたと一緒に公証役場に出向いて委任契約を結んでおきましょう。**遺骨は、ひとりで歩いてお墓には行かれない**のです。

もしそのような手続きを生前にしておかずに、自宅保管の遺骨が残ったらどうなるでしょう?

位牌であれば、仏教のしきたりを知るほとんどの日本人にとっては、他人のものであっても、誰かの御霊ということで大事にされると思います。そして、寺や神社へ持っていけばお焚きあげもしてもらうことができますから、遺品整理業者の人がやってきても処理に困ることはなく、寺や神社でご供養してもらえるでしょう。

しかし遺骨や手元供養された粉骨は、管理してきた親族にとってはいとおしいかもしれませんが、遺品処理に来たスタッフなど他人にとっては現状、「処理に困るもの」でしかありません。そのまま廃棄物にするにはしのびないですが、ご供養をしてもらうにも、骨壺のままではお焚きあげはできません。最低限の費用でなんとかしようとすれば、120ページの⑦でご紹介したように、ゆうパックで受け入れてくださるお寺へ送骨することになるのでしょうが、1柱につき3万円程度はかかりますから、自宅供養してきた本人の遺骨も含め複数となれば、遺品整理業者や遺族にとっては負担となります。

そう考えると、位牌をつくって手元で供養をし、遺骨についてはなるべく自宅保管のままにせず、散骨や本山納骨、送骨などしておくほうが、仏教的にも、あとに遺される人にとっても、ありがたい話なのかもしれません。

【ピックアップまめ情報】
引き取り手のない遺骨が市役所の倉庫に山積している、というニュースをしばしば目にします。近年交流していなかったおじ・おばや、幼少のころに両親が離婚し消息もわからなくなっていた親の遺骨など、縁がほとんどないのに死亡時の連絡を受けてしまう関係の場合がほとんどです。

役所に山積してしまう遺骨をなんとかしたいと、慈善的精神でさまざまなサービスが始まっています。先にご紹介した骨仏や本山納骨なども同じ気持ちで行われてきたと思いますが、ここでは筆者が個人的に面会し、手厚くご供養していただけるとお勧めできるところを2つご紹介します。

【おこつ供養舎】

http://www.tokyosankotsusya.jp/

事情があって納骨できずにいた遺骨や、ひきとることのできない遺骨だけれど、〝処理〟ではなく、最低限の費用でもきちんと供養はしたいという希望に応える合同会社です。経済的な価格で遺骨を粉骨にし、海洋散骨などの相談に応じてくれます。

代表の吉田滋さんは、外国航路の船員でした。4年ほど前、「なにか人の役に立てることはないか?」と考えたときに遺骨のことで悩んでいる人が多いと知り、たまたま船の免許もあるので、誰に習うでもなく独自で〝おこつ供養舎〟を立ちあげました。もとは理系の技術職で信仰はありませんでしたが、船員時代にタイ、台湾、イラン、イラク……各国

でいろいろな神々が信仰されているのをみて、「(どれが正しいという)唯一神なんていない!」と確信したそうです。それぞれの地域で、それぞれの神や仏を尊重する人がいて。「特定の神は否定するけれども、ぜんぶが好きなのかも。外国の寺でも日本の寺でも、行って祈れば気持ちが落ち着くということは認めます。自分もそうだから、来る人にも同じようにしたい」。

おこつ供養舎はタイやミャンマーの仏画であふれています。僧侶はいませんが、遺骨を持ち込んだ皆さんは祈っていかれます。「ここに遺骨を持ち込むむかたのエピソードは千差万別。ひとつとして同じエピソードのかたはいらっしゃらないんです」と語る吉田さんが慕われるのは、僧侶以上に傾聴に長けた人だからなのかもしれません。

【幸福寺（栃木県）】自然葬霊園での〝森林散骨〟

http://www.koufukuji.org/index.html

おひとりさまの老いじたくに特化した単立寺院です。栃木駅から徒歩4分のところに永代供養塔があって遺骨の一部をカプセルに入れて納塔できるほか、緑豊かな森林散骨場「自然葬霊園」があり、陸での散骨が可能です。「故人は泳げなかったから……」などの理由で、散骨はしたいけれど海ではちょっと……という場合に選ぶことのできる数少ない霊園です。

海洋以外での散骨を希望する場合には、本文でご紹介したように、隠岐の無人島全体を散骨場としたカズラを利用する方法や、葬送の自由をすすめる会に入会して会所有の撒骨場を利用する方法もありますが、葬送の自由をすすめる会は無宗教のかたにマッチする傾向があり、またカズラまで僧侶に同行してもらうとなれば旅費などもかさみます。「地上で散骨したいが、供養は仏式でしてほしい」という場合には、ぜひこちらのお寺に相談してみてください。

第4章

心を軽くする、「マイいきつけ寺院」の見つけかた

お寺で、タダで人生相談に乗ってもらってもいいのでしょうか？

2章の「住職がお布施を当然のように受けとり、お礼をいわない理由は？」でふれたとおり、たいていのお坊さまは、無料で人生相談に応じてくださいます。また、檀家でない人にも門戸を開き、悩みも聞いてくれるようないいお坊さんの中には、お金をもらうことを罪悪と考えている人も多いようです。ですから悩みを聞いてもお金はいりませんとおっしゃったり、相談無料と明示してあったりします。

でも僧侶にも生活はありますし、お寺を維持するには、一般家屋の何十倍もの資金がかかります。あなたが食べるのもギリギリなほど生活に困窮しているのでないかぎり、アポイントメントをとって時間をいただくからには、「ご本尊にお供えください」と手土産を持参するのがよいでしょうし、たとえ「相談は無料です」と固辞されたとしても、どこのお寺にもお賽銭箱はあるので、相応の額をお賽銭箱に入れて帰ればよいのではないでしょうか。

相場はありませんが、話を聞いていただいてよかった、ラクになった、と思えるのであれば、カウンセリングに通ったり、あるいは気のおけない友人とカラオケや居酒屋に行って同じくらいスッキリするのに、どのくらいなら出費するだろうかということを考えたらよいかもしれません。

病気で働けないなどの事情でほんとうに生活に困窮しているならば、その場で対価としての相談料は支払わなくてよいと思います。教えを聴いて気持ちが前向きになり、いずれ働けるようになったならば、そのときに感謝のお布施をしたらよいと思います。お金に余裕はなくても体力が出てきたならば、お寺の清掃を手伝わせていただくことなども立派な施しになります。

また宗派にもよりますが、金品を固辞された場合は、先祖供養やお祓いなど宗教儀礼をお願いして、儀礼に対してお布施を包むのもよいと思います。

なぜ僧侶本を読むだけでなく、お寺を探さなければいけないのですか？

行は英語でいうとpractice、つまり日々の練習です。仏教の行は、ブッダ（＝理想的な修行者）になるための練習です。この練習は、生きているかぎりずっと継続しなければいけません。たとえひとたび悟れたような気持ちになれたとしても、生きているかぎり、食欲も物欲も性欲もあとからあとから湧いてくるからです。

序文で、行も食事と同じで、貯めておくことができないと書きました。いかに闘争心を消し、誰にも迷惑をかけないようひっそり生きていたとしても、無抵抗であることが逆に誰かの癇にさわることもあります。学校におけるイジメがまさにそうです。成績成績と追いたてられ皆がトゲトゲした気持ちでいるなかで、ひとり平然とおとなしくしていることが攻撃の対象になってしまいます。また、どんな悪口をいわれても揺るがないほど悟りきり、心を鏡面のように磨いておいたとしても、飢饉や災害が襲ってきます。お釈迦さまが「この世は苦だ」とおっしゃったのは、そういうことだと思います。

この世は諸行無常で、たえずさまざまな因縁がうごめいています。因縁がめぐるたびに、新たな苦難や欲望が次々とやってきます。渋滞にハマればイライラし、職場で思うように仕事がはかどらなければ落胆し、家族と意見が合わなければ憤然とし……。僧侶が書いた心のおそうじ本を読んでせっかく昨日は「無欲に生きよう!」と思えたとしても、翌日にはもうその思いはうすらぎ、翌々日にはすっかり忘れてしまうのが人間です。

心のリフレッシュも清掃と同じで、一度きれいにしても生活を続けるとすぐにちらかってしまうのです。英語で家事のことをハウス・キーピングといいますが、いつまでも心地よくきれいな心で過ごしたいなら、掃除をすることよりも、**いかにキープするかということのほうが重要**です。

一度、法話を聴いて感銘を受けたり、納得のいく仏教関連の本を読んだということは、清掃の方法を教えてもらったという段階にすぎません。じっさいにおそうじを始めるには、お仏壇に向かってみる、写経を習慣にしてみるなどの実践が必要です。特別な道具がなくても、何かに手を合わせてみるだけでもよいです。それまでより心をこめ、仏縁に感謝しながら「いただきます」をしてみるのもひとつでしょう。

それを習慣にして、毎日続けていくことで、きれいな心がキープされます。

そう考えると、何年かに一度の法要でお寺にまとめて何万円と払うよりも、毎日近くの社寺へ参って数百円、感謝したいときには五百円、千円とお賽銭をするほうが、財施の理にはかなっているように思えてきます。日々の practice をするために行きつけのお寺を探していろいろな催しに出るなら、行く先々で財施をしてみましょう。不思議なことに、そうするだけで、お金に困ることが少なくなります。

❖日々祈る人が増えれば、ストレス社会は解消する

ブータンという、インドの北にある国があります。近年の経済発展以前は幸福度ランキング上位に登場した国です。経済レベルは決して高くありませんが、教育費や病院代が無料、都市部をのぞいては水道料金も無料。9割が農業に従事していますが無農薬で自給自足に近いストレスフリーな国だそうです。この国では一般の人々がみな、日に1時間～1時間半は瞑想や祈りをしているそうです。

農業が機械化される以前の日本も、どこの家でも朝夕に20分間ほどお仏壇に向かい、食事の前は家族全員で手を合わせお天道さまに感謝をしていたのですから、現在のブータンと近い、ストレスフリー社会だったのではないでしょうか。

ハッピーになれなきゃ、お寺じゃない！

仏教は、「いずれ死ぬ」とあきらめる（明らかにする）ことによって、ありとあらゆることがありがたく（有り難く）思え、あらゆる縁を大切にできるようになり、ひいては今日を精いっぱい生きられるようになる、ということを教えています。

よくない縁も含め、そのよくない縁が自分に気づきを与えてくれたことに感謝し、前へ進むための力に転換してゆきます。

私たちは生まれてから時が先へ進めば進むほど死に近づいてゆくので、本来ならば悲しいわけです。これに対し宗教的生活とは、出会えたすべての縁に感謝し、時がたつほど感謝が積みあがってゆくので、**老いるほどに幸福度が増してゆく生きかた**なのです。

宗となる教えに対する信仰（＝宗教）を持たない人は、死の瞬間が近づくと思えば恐怖にさいなまれるでしょうし、働くことができなくなってからは、預貯金が底をついてしまうのではないかと不安でいっぱいの日々を過ごすことになります。つまり仏教は本来、生きている人が不安なく至福に生きるための教えです。

じつは**日本以外の仏教は、暗くない**のです。3・11のあと東京・護国寺に供養にみえたダライ・ラマ師の読経はリズミカルで軽快でした。チベット僧や東南アジアの僧侶の衣はエンジ色やオレンジ色で、生きる力を感じさせてくれます。台湾寺院で聞いた読経は声明のように節まわしがついていて、歌に近いものでした。日本の仏教にも声明やご詠歌などありますが、どちらかというと荘厳なイメージで、若い人が親しめる軽快さはあまり感じられません。

日本ほど仏教が葬式と直結している国はありません。日本の病院に、終末期の人の話し相手になろうと僧侶が入っていこうとすれば、「縁起でもない」、「辛気くさい」と断られたり、法衣ではなく背広で来るようながされたりします。**余命を知らされたときほど、宗教の力を欲するときはないはずなのに、社会がそれを理解も許容もしていません。**

いきつけ寺院を探すときは、「ハッピーになれるお寺を探す!」という前向きな気持ちでいきましょう。

「マイいきつけ寺院」を探してみる

まずは通勤途中や日ごろよく通る経路のそばに、立ち寄ってみたいと思えるお寺がないか探してみましょう。名前の響きでもいいですし、ホームページでご由緒をみて気に入ったところでもいいと思います。

ふだんよく行く経路にピンとくるお寺がなさそうな場合は、休日に少し足をのばして行かれる範囲で探してみます。

いくつかピックアップできたら、さっそく訪ねてみます。催しのあるお寺でしたら、参加方法を電話で確認してみましょう。

❖いきつけ寺院に適したお寺＝「なぜ生きる?」「どう生きる?」を考えやすい場

よさそうなお寺と思っても、じっさいに行ってみると入りづらいかもしれません。観光地でないなら、最初は週末やお彼岸など、お参りの人が多い時期に行ってみるといいかもしれません。

いきつけ寺院は、日々のpracticeを続けていくための指導をしていただくお寺です。1つに絞る必要はありません。また、お墓のある菩提寺と宗派が違っても、臆することはないと思います。

病院にたとえてみるとわかりやすいのです。臨終のときは入院設備のある大病院の世話になるのでしょうが、日ごろは町のかかりつけ医に通い、症状が大きいときだけ大病院のお世話になるのではないでしょうか。そして、眼科や歯科、内科、皮膚科と渡り歩いています。死ぬときはもちろん墓のある菩提寺にお世話になるとしても、菩提寺まで多少の距離があるなら、日ごろは通いやすいところにマイいきつけ寺院をみつけるということです。自分にしっくりくる行が、写経なのか念仏なのか法話なのか坐禅なのか。これも、いろいろやってみなければわかりません。ですから宗派をまたいであちこちのお寺を巡ってみるとよいと思います。

1回や2回でこれはという寺院が見つかることは稀でしょう。訪ね歩くことじたいが行になります。いくつも訪ねているうち、その場にいるだけで気持ちが晴れやかになる、清々しいお寺が見つかるはずです。

ズバリ、〝いいお坊さん〟の定義とはなんですか？

私の考えるいいお坊さんの要件は、３つあります。

①人やモノについてそしらない。
②あるものを上に見たり、またあるものを下にみたりしない。
③あらゆることについて、固有のレッテルを貼り付けない。

この３つは、出家した場合に「絶対にやってはいけない」ということではありません。生きているかぎり誰しも、自分を非難する人があればギクリとしますし、恨みとまではいかないまでも、瞬間的に嫌な気持ちを抱いてしまうのは当然のこと。何が起こっても即座に③を実践できる人など、釈尊やごくひと握りの高僧のほかには、なかなかいらっしゃらないでしょう。

ただ、一般の人ならクヨクヨと何日も嫌な思いをすることがあるとしても、修行を経た僧侶であれば、瞑想なり坐禅なり写経なり念仏なり、さまざまな行を実践することを通し、短時間のうちに流し去って③の状態に至れるよう努力することができます。また、僧侶であれば、①や②を実践できるよう、日々たゆまず努力をなさっているのであろう、と市民は期待しています。

残念ながらいまの日本では、この3つを実践するための努力をほとんどしていらっしゃらない僧侶が半数近くいらっしゃるという実感があります。

寺を持たないマンション坊主をそしる住職もいれば、逆に、カネを積んで得た宗門内での地位を誇示する裕福な出自の僧侶を、寺を持たない僧侶が非難する場面もあり。尼僧さんを下に見る風潮の色濃い宗派もあります。

あるべき僧侶像とは、不本意な蔑視に遭遇したり、権威を誇示する人に出会ったりするたび、揺るがされたご自身の心を静寂に近づけようと努力されている人と、私は考えています。浄土真宗では、静寂に近づける努力（＝行）をする代わりに、このように起伏の激しいできそこないの私をも阿弥陀さまは救ってくださるのだと信じきることで、お念仏を唱えるだけで静寂に達します。

生きているかぎり人は、羨望や失望、さまざまな思いにかられては苦しみ、悩み、落ち込み傷つきます。一般の人は生活の糧を得るための仕事や行事に忙しく、感情の起伏をコントロールする方法を模索する余裕がほとんどありません。日々の生活に追われる一般の人に代わり、金銭や食料をお布施でいただいて、感情のコントロールのしかたや、思い通りにならないことについての諦めかた（思い通りにならないほうが当たり前なのだと明らめる方法）について究める専門職が、僧侶なのだと思います。お葬式や通夜や法事に呼ばれて読経をすることや、売れた墓石を数え預金通帳を見て節税について頭をひねることがメインの業務なのではありません。

出家し修行を経験し、（出家や修行をしない宗派では）僧籍を取得するための勉学を積んで僧籍を得るところまで到達すれば、以後の人生でなにひとつ波風が立たないなどということはないでしょう。宗教者もまた、家族や友人のことで悩み、寺の運営で苦悶し、そのたびに思い通りにならぬことを明らめ続けてよいと思います。愚痴をこぼしている僧侶、酒におぼれている僧侶をみかけたときは、「ウチの坊さんは修行が足りないなぁ！」と批判せず、「私たちの代わりに、（日々の行を経ても消し去れないほどの）大きな苦悩にたちむかう鍛錬をしてくださっているのだ」とみるのも一案と思います。

一般的には、「無財の七施」を実践していらっしゃるかどうかで、いいお坊さんを見分けるのがわかりやすいと思います。

【無財の七施】

①眼施《げんせ》　温かいまなざしで接する
②和顔悦色施《わげんえつじきせ》　明るい笑顔、優しい微笑をたたえて人に接する
③言辞施《ごんじせ》　心からの優しい言葉をかける
④身施《しんせ》　肉体を使って人のため、社会のために働くこと。無料奉仕
⑤心施《しんせ》　「ありがとう」「すみません」などの感謝の言葉を述べる
⑥牀座施《しょうざせ》　場所や席を譲り合う。善意で譲られたときに断らない
⑦房舎施《ぼうじゃせ》　訪ねてくる人があれば一宿一飯の施しを与え、労をねぎらう

7つを読んで、顔の思い浮かぶお坊さんはいらっしゃいましたか？
いまの日本に、そんな奇特なお坊さんはいない！　と思われたかたも、希望を捨てないでください。私には、10本の指で余るほどたくさんのお坊さんのお顔が浮かびます。

これまでは、生まれた家の墓があるお寺の和尚さんのほかに、僧侶と知り合う機会は稀でした。ところがいま、墓じまいと寺離れが進行している結果、葬儀法要以外に新たな取り組みをはじめているお寺が増えています。そうした情報はインターネット上でもたくさん見つけることができます。

次ページからは、リバウンドしない心のおそうじのための第一歩。マイいきつけ寺院を見つける具体的な方法についてご紹介します。

【まちのお寺の学校ナビ】
一般社団法人「寺子屋ブッダ」

http://www.machitera.net/

まちのお寺の学校は、〝学び〟をキーワードに、市民（講師、受講者）とお寺をつなぐサイトです。ココロとカラダ、自然と伝統、遊びとアート、まちと暮らしという４つの視点で、多彩な講師とお寺が協働し、地域に新たな学びの場を創出しています。

運営元の一般社団法人 寺子屋ブッダは、市民とお寺の新しい関係づくりのモデル化事業を複数行っており、仏教の智慧を生かした企業向けの研修事業や、お寺向けのドキュメンタリー映画配給事業、お寺をまちづくり活動の拠点にする事業などを行ってきました。このまちのお寺の学校は、身近な場所でありながら社会的な評価とは無縁なお寺を学びの場とすることで、地域に心をほぐしたり、調えたり、温めたりできる場を創出しようとするものです。２０１８年1月にリニューアルされ、次のように機能が高まります。

ヨガインストラクターや伝統文化の担い手、教育者、ミュージシャン、アーティストなど人を集めてお寺で何か教えてみたいという人が、パートナー講師としてプロフィールや

活動実績を登録し、場を提供したいお寺とのマッチングが成功すると、イベント告知ページが作成され、「まちのお寺の学校ナビ」に紹介されていく仕組みになっています。また、従来からお寺で開催されている写経会や坐禅会も登録されているので、お寺における〝行体験〟の導入として活用することも可能です。

今をよりよく生きるために仏教の智慧を積極的に生かしていこうとする僧侶の登録が多く、明るくハッピーになれるお寺を探すのに最適なサイトです。このサイトにお寺を登録するには、事務局と理念共有した

〝まちのお寺の学校アンバサダー〟の推薦を受けることが必須となっており、玉石混淆を防ごうとしている点も好感が持てます（著者もアンバサダーとして活動しています）。「お寺で何かを学んでみたい！」という人はぜひ会員登録をしてみてください。会員になると、掲載されている講座に予約することができるようになります。近い将来、受講者や講師だけでなく、お寺活動のボランティアや、ポスターチラシづくりのクリエーターなどお寺の活動全般に協力してくださる方々の登録もできるようになるそうです。

運営母体、寺子屋ブッダの松村和順代表は、「最近は、マインドフルネスに対する関心の高まりもあってか、仏教の智慧を生かした企業向けの〝心の土台づくり〟研修が好評です」と語ります。

「仏教の基本は、智慧と慈悲ですよね。私は、智慧とは、正しく自分を観察する力で〝正しい〟とは、自己中心的にならないことだと考えています。慈悲とは、共感をベースとする思いやりのこと。この智慧と慈悲を育てること、つまり〝心の土台づくり〟をしっかりすることによって、人として、ビジネスパーソンとして、正しい認知・正しい判断・正しい行動がとれるようになっていくと思っています。仕事であっても、プライベートであっても、自分の〝こうしたい！〟と誰かの〝ありがとう！〟を重ねる努力がその人を幸せにすると思います。まちのお寺の学校は、お寺で過ごす時間が、そうした智慧と慈悲を育てるきっかけになったり、智慧と慈悲を育てる時間になってほしいという思いで運営しています。でも、堅苦しいのは好みではありません。崇高な教えとか、究極の悟りのような難しいことじゃなく、〝ヨガをしたら子どもを叱る回数が減った〟とか、そんな小さな智慧と慈悲を日本全国にふやしたい」

まさしくここから、皆がおたがいさま、ありがとうといえた半世紀前の日本が戻っていくような予感がします。

【まいてら】一般社団法人「お寺の未来」

http://mytera.jp/

一般社団法人お寺の未来による、〝マイいきつけ寺院〟を探せるサイトです。地域にあるお寺を検索できるだけでなく、僧侶によるコラムや登録している僧侶の人柄がよくわかる住職インタビューを集めた「まいてら新聞」や、催しを表示したカレンダーで、お寺を身近に感じることができる仕組みになっています。

登録できるお寺の条件として次の「安心のお寺10ヶ条」が定められ、経営基盤がたしかで、かつ親身に応じてくださるお寺が厳選されています。

第1条：確固な理念・方針

お寺が世の中や人々にどのような価値を提供するかという使命と、その使命を実現する方策が明確になり、社会に共有されている

第2条：仏教・寺院運営に真摯な僧侶・スタッフ

仏教の味わいを伝える確かな信仰・見識・技法・包容力を備えた僧侶と、協働して寺院運営に取り組む、寺族などのスタッフがいる

第3条：まごころの弔い（葬儀・法事・お墓）

受け手の視点に立ち、亡き人とのつながりを感じられる、心のこもった丁寧な弔いの儀礼を執り行っている

第4条：充実したエンディングサポート

良き死を迎えるための学びや支援の仕組みが整っている

第5条：仏教の智慧に触れる祈り・体験の場

仏教の豊かな智慧に触れられる、法話会、坐禅会、写経会、祈願・祈祷をはじめ、様々な法要や仏教体験が充実している

第6条：活発なお寺コミュニティ

年齢・性別・社会的立場を超えて、檀信徒や地域社会の人々が集い、様々なテーマで活動し、相互のご縁を深めている

第7条：慈悲の社会福祉活動

困難な境遇にある人々や様々な社会的課題に対し、未来志向で温かい支援の手を差し伸

べている

第8条：整った施設・設備

気持ちよくお参りできるよう本堂・境内・墓地等が掃き清められ、宗教空間の品格と雰囲気を備えている

第9条：財務の安定性

長期にわたって健全な運営を実現し、檀信徒への経済負担を抑えられるよう、安定した財務管理が行われている

第10条：堅実な管理運営（※必須基準）

宗教法人としての法令順守は当然のこと、様々な規約の整備や、情報管理の体制が整っている

個々の寺院から経営情報、財務資料等の提出を受けたうえ、現地訪問で寺院活動の現場を確認してから登録が許可されるという周到なシステムで、「行ってみたけどあまり相談に乗ってもらえる住職じゃなかった！」ということがないよう、運営法人がガッチリ見守っています。心のおそうじを実現できるお近くの「まいてら」をぜひ探してみてください。

なお運営元の一般社団法人お寺の未来は、活気ある若い僧侶を続々と輩出して注目されている「未来の住職塾」の運営母体でもあります。

【お坊さんに質問、悩み相談できるQ&Aサイト】「hasunoha【ハスノハ】」

https://hasunoha.jp/

hasunohaは、回答者全員がお坊さんのQ&Aサイト。2012年11月にスタートした当初、1ヵ月の回答僧侶が5名、質問数は10個でした。それが2017年8月には回答僧侶200名、質問数なんと累計で2万件に成長。現在、回答が追いつかないため質問が制限されるほどの人気となっています。

2016年9月には、厳選Q&Aが小学館集英社プロダクションから書籍刊行もされました。

一般的なSNSでコメントに同意すると押される「いいねボタン」を「有り難しボタン」と置き換え、「シェア」ボタンの隣に「この問答を娑婆にも伝える」と書き添えるなどユニークなつくりがTwitter上で紹介されました。そして、その紹介じたいにリツイート（読んだ人がさらにほかの人へ伝えること）や「いいね」が2万回も押されて、人気が急上昇しました。

❖ネット依存の若者に、僧侶が答える

このhasunohaの成功から見えてくるのは、若年層やひきこもり、ニート、不登校といった状態にあってネット依存度の高い人たちが、お坊さんに悩み相談を求めたということです。

問答のいくつかをご紹介します。

Q：センター試験に大失敗。やり場のない悔しさでつらい（10代女性）

A：「やり場のない悔しさ」に行き場を。子どものように、大声を上げて、身体をジタバタさせたら代わりに何かが入ってくるよ。

質問者からのお礼：答えをみて、はっとして、まだ夜も明けぬ4時の寒空の中、全力で走ってきました。空にぼやけた半月がきれいでした。この答えを教えていただけて、本当に良かったです。

Q　性欲とどのように向き合えばいいですか？（20代男性）

A　さっさとスッキリして学業に勤しみましょう。

（その他の利用者の声）

「子どものためにも穏やかな母親でありたいと思います」

「こちらのサイトをよく拝見していますが、回答がいつも素敵なので仏教に興味を持ち、最近坐禅会に行きました」

開始当初は仏事の相談がほとんどでした。1年後、身近な人の死や、自己嫌悪・心の持ちかたについての問いが増えました。さらに年月を経過し2年以上たってからは、人間関係や不倫についての悩み、「死にたい」という思いなど、誰にも相談できずにいた心の葛藤を吐露する人が増えました。いまでは、恋愛、子育て、嫉妬、怒り、不安、欲望……と、日常生活でわき起こるさまざまな悩みについての相談が日々寄せられています。

一般の人たちが、「お坊さんにこんなことも聞いていいんだ！（性欲や不倫のことなど）」と思えるようになるまでに、2年以上の月日が必要だったということになります。その間には、「ネットゲームに依存してしまって抜け出せない」という質問に、自らネットゲームに熱中したことのある僧侶が回答して話題になるなど、「お坊さんも普通の人なんだ」

と理解されてゆく過程がありました。

僧侶の側が、ときにはネットゲームにはまるようなふつうの人間であることをさらけ出してこそ、生きているいまの悶絶を人々が打ちあけ始めたのです。

この事実は、飲酒や肉食、妻帯をする日本の僧侶が、一般の人と同じ悩み苦しみを経験しているからこそ、世間の苦悩に真摯に答えられるということの証明でもあります。

【応援したい僧侶の活動】「おてらおやつクラブ」

http://otera-oyatsu.club/

２０１３年に大阪で起こった母子が死事件をきっかけに、３年前に活動が開始されました。日本国内で子どもの７人に１人が困窮状態にあるなか、お寺に供されたおそなえを仏さまからのおさがりとして頂戴し、ひとり親家庭へおすそわけする活動で、すでに１万人弱の子どもたちにお菓子や果物、食品や日用品をお届けするまでに成長しています。活動をより安定させるため、２０１７年夏に特定非営利活動法人として組織化されました。松島靖朗代表理事は、

「お仏飯で育てられた多くの僧侶が、地域のよりどころとなる寺院と縁ある人々を救済することで、自利利他の精神を現代社会において実践したい」

と語ります。

この「おてらおやつクラブ」のほか、子ども食堂やフードバンク活動にとりくむお寺も

増えています。また、「自死自殺に向き合う僧侶の会（http://www.bouzsanga.org/）」や「ひとさじの会（http://hitosaji.jp/）」など、僧侶によるさまざまな社会貢献活動が活発化しています。透明性が高く実績も挙げているこれらの活動に寄付などで協力してゆくことも、よい布施行と思います。

あとがき

心を軽くする、楽に生きる、悩みを解く、といったキーワードに多くの人が反応するということは、それだけ現実の社会に苦悩が多いということ。

なぜそうなのかを、葬祭の現場から考えてみます。

長距離走なら、ゴールテープを切った瞬間、飲み物とタオルを抱え「よくやった！」と称賛してくれる人が待ってくれているでしょう。そうでなくても、自分自身にやりきったという充足感が満ちあふれるのを想像しながら走るでしょう。その至福のゴールを思い浮かべることができるからこそ、苦しくても最後までがんばれるのだと思います。

いま、この国での人生をマラソンにたとえるならば、ゴール前に「もう少しだよ！」と応援する陣営がいる代わりに、あやしげな黒服が何人も立ちはだかって不安を煽り、ゴールテープが見えない状態になっています。

「チョット待ってください。老後資金は充分ですか？」

「施設入所する場合の資金は用意できていますか？」

「病気になったときの備えは？」

「認知症になったときのことは、考えていますか？」

「相続税の対策は？」

近年は、老後難民、下流老人などの用語で40歳代、50歳代の人をも不安にさせる情報が増えています。

死ぬときのお金の心配は、しなくていいのが当たり前

経済が停滞しデフレが続いたあとのいま、私たちの心のなかには不安や心配が充満しています。半世紀前の老いじたくは、「人生のふり返り」と「あの世でどう生きるかという希望」を練る時期であって、お金の心配をすること自体、ありませんでした。財産管理を現役世代へ譲って同居して〝ご隠居さん〟と呼ばれ、学者やインテリでなくても人生哲学を愉しみ、縁側でみかんをほおばりながら鳥のさえずりを聴いて陽だまりを眺め、にこにこ笑いながら子どもたちや蝶と戯れていたはずです。**預金などほとんどなくても、皆が質素で平穏な老後**をすごしていました。

また30年ほど前まで、「葬儀は香典でまかなえるから、死ぬときのお金の心配は、しな

くてもいい」という話も耳にしました。いつしかそれが聞かれなくなり、家族葬・直葬が一般化して、葬儀を香典によって成立させるという相互扶助は消えてゆきました。そして回忌法要についても、寺へ毎回布施するだけの価値が感じられないからと、回数を減らす家庭が増えました。

しかし、葬儀や供養はいったい誰のために、なぜおこなうのでしょう?

ゾウでも、仲間が死ぬと遺体を囲んで輪をつくり、葬儀のような行動をするという話があります。人はみないつかは死にますが、仲間が先立てば手を合わせて祈り、供養をせずにはいられない。それが、古来続く人としての自然な衝動です。

いっぽう、ご住職がたから最近よく聞く意見は、こうです。

「安ければいい、という風潮をマスコミが煽り、それが普通になってしまった」

「インターネットで格安値が公開されたせいで、地域の特性を無視して〝そんなに高いなら(葬儀も供養も)やらない〟という人が増えてしまった」

「伝統をないがしろにする人が増え、葬儀はしないで直葬(火葬場直行)でいいという人が増えた」

「核家族化で葬儀の意味が若い人に伝わっていないせいで、すべての基準がカネになってしまう」

どれも一理ありそうですが、根本をとらえ違えています。

葬儀や供養は、「周囲の皆が、せずにはおられないからするもの」であって、お金をかけられる人だけが趣味ですべきことではないのです。デフレが四半世紀も続いて、葬儀供養にかけるお金がないのであれば、お金をかけずにすればよい話です。宗教者とともに祈ることに、本来はお金などかかりません。宗教者とともに祈れば心が軽くなるから、結果として布施がさしだされるのです。

ゴールが見えない人生じゃ、ハッピーになりようがない

明るいゴールが見渡せないのに、道中をがんばれる人がいるでしょうか。答えはノーです。「そんな競争なら、やめてしまおう……」と考える人が出てくるのも当然のこと。厚生労働省は向こう10年で自殺率を3割減らすというビジョンを掲げましたが、一番簡単な解決法を見落としています。

高齢世代が心配と不安に囲まれていれば、つづく現役世代もリタイアメント後のハッピーを想定しづらくなります。それどころか、ようやく家のローンを完済し、子どもの進

学を見届けた現役終盤の人たちは、親のゴール前支援（介護）や、墓じまいについてまで心配しなければなりません。

戦前ならば、50代以上（隠居が見えてきた世代）の関心事は、この世での生きざまをふり返りながら、「あの世で、向こう半分の人生をどのように生きるか？」ということでありました。いまのその世代の関心事は……？

「10年前に先祖代々の墓を建てたが、継いでいくと回忌法要のたびに万単位の支出になる。デフレ時代に育った子どもたちに、そんな無駄なカネを使わせたくない」

「しかし、墓をしまうのにも、まとまったカネがいる……」

「親の通院と介護に費用がかかり、自分の老後資金どころではない」

ゴール後の至福を想像するからこそがんばれるはずなのに、科学技術信奉によってゴール後（あの世）は想定しづらくなったうえに、ゴール前までも、暗雲におおわれています。このように道中ずっと目標を失った状態では、ハッピーになれるはずもないのです。その希望のなさは、青少年へも波及します。

特効薬は、ゴールテープが見える（＝お金の心配などしなくても、誰しも安心して死んでいける）状態に戻すこと。そして、ゴールまでの風通しをよくすることです。

その第一歩として、皆さんがいわゆる終活セミナーに通って額の縦ジワを増やす代わりに、気軽に通えて話せて、行けば心を軽くできるマイいきつけ寺院を見つけ、リバウンドしない心のおそうじを実現してくださることを切に願っています。

2017年秋　勝　桂子（すぐれ・けいこ）

【参考文献】
中村元著　『原始仏典』(ちくま学芸文庫、2011年)
中村元訳　『ブッダのことば　スッタニパータ』(岩波文庫、1984年)
網野善彦著『無縁・公界・楽—日本中世の自由と平和』(平凡社ライブラリー、1996年)
新谷尚紀・関沢まゆみ編『民俗小事典　死と葬送』(吉川弘文館、2005年)

◎PROFILE

勝 桂子(すぐれ けいこ)

ファイナンシャル・プランナー、行政書士、葬祭カウンセラー。遺言、相続、改葬、任意後見、死後事務委任などエンディング分野の実務に応じるほか、『聖の社会学』(2017 イースト新書)、『いいお坊さん ひどいお坊さん』(2011 ベスト新書)著者として各地の僧侶研修、一般向け講座などに登壇。また、生きづらさと向きあう任意団体＜ひとなみ＞を主宰し、宗教者や医師、士業者、葬送分野の専門家と一般のかたをまじえた座談会を随時開催している。

●こちら OK 行政書士事務所 HP ⇒ http://okei-office.com
●「ほう」と納得するほうマガジン⇒ http://houmagazine.com
●生きづらさと向きあう＜ひとなみ＞⇒ http://hitonami.net

心が軽くなる仏教とのつきあいかた

■発行日　　平成29年11月30日
■発行人　　漆原亮太
■表紙・DTP　有限会社ノーボ
■発行所　　啓文社書房
【本社】
〒133-0056　東京都江戸川区南小岩6-10-5　グリーンハイツ1階
電話　03-6458-0843
【編集部】
〒160-0022　東京都新宿区新宿1-29-14　パレ・ドール新宿202

■発売所　　啓文社
■印刷・製本　株式会社光邦

ISBN 978-4-89992-043-4　Printed in Japan